U0651199

Listful
Thinking:
Using Lists to Be
More Productive,
Successful
and
Less Stressed

为什么
精英都是
清单控

［美］宝拉·里佐(Paula Rizzo) 著　郑焕升 译

湖南文艺出版社
HUNAN LITERATURE AND ART PUBLISHING HOUSE
博集天卷
CS-BOOKY

图书在版编目（CIP）数据

为什么精英都是清单控 / (美) 里佐 (Rizzo,P.) 著;
郑焕升译. —— 长沙：湖南文艺出版社, 2016.6
书名原文: Listful Thinking
ISBN 978-7-5404-7598-7

Ⅰ.①为… Ⅱ.①里… ②郑… Ⅲ.①目标管理—通俗读物 Ⅳ.①C931.2-49

中国版本图书馆CIP数据核字(2016)第090510号

©中南博集天卷文化传媒有限公司。本书版权受法律保护。未经权利人许可，任何人不得以任何方式使用本书包括正文、插图、封面、版式等任何部分内容，违者将受到法律制裁。

著作权合同登记号：18-2016-033

上架建议：心灵成长·励志

LISTFUL THINKING
Copyright©2014 by Paula Rizzo
Published by arrangement with Cleis Press & Viva Editions
through Andrew Nurnberg Associates International Limited

WEISHENME JINGYING DOU SHI QINGDANKONG

为什么精英都是清单控

著　　者：[美]宝拉·里佐
译　　者：郑焕升
出 版 人：刘清华
责任编辑：薛　健　刘诗哲
监　　制：蔡明菲　潘　良
策划编辑：李彩萍
特约编辑：田　宇
版权支持：文赛峰
营销编辑：李　群　杨清方
封面设计：主语设计
版式设计：李　洁
出版发行：湖南文艺出版社
　　　　　（长沙市雨花区东二环一段 508 号　邮编：410014）
网　　址：www.hnwy.net
印　　刷：三河市中晟雅豪印务有限公司
经　　销：新华书店
开　　本：880mm×1230mm　1/32
字　　数：160 千字
印　　张：8
版　　次：2016 年 6 月第 1 版
印　　次：2019 年 9 月第 5 次印刷
书　　号：ISBN 978-7-5404-7598-7
定　　价：38.00 元

质量监督电话：010-59096394
团购电话：010-59320018

本书献给我的母亲 | 她教我把握自家后院就找得到的幸福，
并锲而不舍追求心中的梦想——
无论要用多少待办清单帮忙才能实现。

目录
contents

推荐序 / 你跟自由的距离，只有薄薄的一张清单而已 / 001
作者引言 / 我的清单人生 / 001

第一章
清单可以做什么

重新成为自己生活的主宰 / 003
采取清单式思考 / 005
列清单的好处 / 007
清单的威力所在 / 009
清单和检查表有何不同 / 017
流程检查表：避免差错 / 018
检查表：专业标准作业宣言 / 020
机师的基本须知 / 021
清单不光可以拿来买菜用 / 024
列清单可以是一种心理治疗 / 026
清单人人爱 / 028

第二章
清单都一样吗

好的、坏的、决定不了的：利弊对照表/033

用清单帮你打包行李/038

出远门/043

搬家/045

研究清单/047

分类备忘清单/049

人生愿望清单/051

新年日志/053

要求，相信，接受/054

把目标可视化/056

愿景板是什么玩意儿/057

万法皆空，规则无用/058

感激清单/061

第三章
基本的清单列法

如何做出终极版的"待办事项"清单/065

怎么把清单列得更好/068

位置、位置、位置：唯一重要的事 / 076

小等于好 / 077

要不就别玩，要玩就玩大点 / 081

第四章

工作清单：让你工作不怕没进展

一日之计在"清单" / 085

开会的规划 / 091

清单也有两人座 / 093

善用清单，管理项目 / 099

第五章

居家清单：让你家庭幸福又美满

联合作战：分享清单 / 106

去卖场补货 / 107

我是小资还是巨富？不再是一笔烂账 / 111

养成管钱的习惯 / 113

犒赏自己清单 / 115

纳税变轻松 / 116

用清单让自己变健康 / 117

健康食物一览表 / 120

信息超载 / 122

第六章

社交清单：让你生活多姿又多彩

朋友间的清单 / 127

打电话用的清单 / 129

用清单计划完美的旅程 / 131

人生最大的一场派对 / 137

送礼 / 141

避免冷场，准备好清单必能派上用场 / 145

第七章

生活委外，自由全开

《汤姆历险记》——终极委外教材 / 155

什么是委外 / 157

没有不可能 / 159

委外好处多 / 160

哪些事情可以委外 / 164

委外应该如何进行 / 167

花多少钱可以接受 / 172

分派工作的诀窍 / 174

第八章
清单数字化

数字化：利大于弊？ / 179

别让待办事项反客为主 / 182

记录"我的最爱" / 192

个人理财 / 195

"买到翻"清单 / 197

第一次计划就上手 / 199

分享就是快乐 / 201

拥抱你内心的汤姆 / 203

信之，便能成之 / 206

电子vs.纸张 / 209

一步一脚印，一天一科技 / 211

最后一张清单 / 212

附录
清单范例

找房检查表／217

海外（或国内旅游）婚礼行李打包清单／219

旅行打包时的必备项目／225

不花一毛钱，让人开心一整天的六项秘诀／228

☑ 为什么
☑ 精英都是
☑ 清单控
☐

你跟自由的距离,
只有薄薄的一张清单而已

朱莉·摩根斯顿

不是每个人都像宝拉一样生来就有可以让事情井井有条的基因,至少我绝对没有。你可能看不出来,但整齐绝对不是我的最爱,我最爱的是混乱。我是个创意型的右脑人,我得在不确定与人生如戏的自然发展中,才能活出自己。我是个演员,是个舞者,是个导演。我一直都很崇拜那些可以一丝不苟的人,因为我实在不是那种人。

欠缺条理让我始终处于压力下。不论在做什么,我总是担心自己是不是忘了什么。我脑中的跑马灯会二十四小时闪烁着我该记得的事情,但这样的跑马灯会让我很难专心在当下。我每十个念头就会有一个是"有一天我一定要学会有条理"。但事实是,要有条理让我很恐惧。

我一直觉得变得有条理会压抑我的创意，浇熄我个性中的自然与风趣。我渴望更有效率、更有组织，但我不希望因此变得无趣。但就在这个时候我找到了突破口。

我女儿杰西的到来，改变了我的世界。有一天我错失了带她去散人生第一次步的机会，因为等我把东西统统整理好塞进尿布袋，这小家伙早就睡着了。为了她，我体会到自己得振作一点，像样一点。活在混乱里对只要打点好自己一个人时的我没问题，甚至还很有利；但现在有个小人儿跟我在一起，而我对她有份责任。

所以我决定把自己弄整齐，就算这损及我的创造力也在所不惜。我开始把尿布袋里该有的所有东西列出清单，这样一旦有机会可以出门踏青，我就可以马上确认东西有没有带齐。我的女儿再也不会因为我没有准备好而错失了另一个人生的第一次。尿布袋的清单是我的起点，而且是一个好的开始，于是我开始把清单延伸到生活的其他层面。我开始把希望弄整齐的每一个生活环节都列张清单，然后一一击破。而随着一切变整齐，我的生活发生了一件有趣的事情。

不但我的创意没有因此而遭到压抑，反而我在行动上还觉得更有空间可挥洒。我感觉到清爽、自信、专注，觉得一切都在我的掌控当中。我所有的想法都集中在一起，也真正能够执行。所有我需要的东西都在我的指掌间，而这种成就感让我更容易有灵感，更能够随机应变。

鱼与熊掌变得可以兼得。我可以既有条理又有创意。这样的我开始主动去帮助那些跟我一样长年抗拒条理的朋友。很多人一想到要列清单就卡关，而我完全知道那种感觉。但请不要害怕，清单绝对是你收复控制权的最佳登陆点。把想法统统下载到清单上，你就能腾出思考力来做决定，并专注在重要的事情上。这样的你才不至于因为细枝末节或临时冒出的其实根本无关大局的小事而分心。

关于清单的好处，我在这里列了一张简表

☐ 减轻焦虑，因为你不用担心忘记事情。

☐ 让你能够专心做事，不用把力气用在记忆事情上。

☐ 让你可以专注于大局（枝节自动忽略）。

☐ 让你处于制高点去分配工作（让乐意帮忙的人来分摊事情）。

☐ 每画掉一笔工作，你的成就感就加深一点。

☐ 让生活中许多重要的事能够自动完成，让你日子愈过愈惬意。

身为条理世界里的"更生人"，我可以说弃暗投明真的是太开心了。我跟宝拉都是会因为书架很整齐而惊呼，或是为了把事情画掉时的快感而尖叫的人，而这也是我们认识后所做的事情。

但宝拉跟我还是不一样。她会第一时间把脑中闪过的待办事项记到便条本上，账单也都可以按照字母的顺序排好，而这就是清单的好处。清单可以是每个人的好帮手，不论你是惯用右脑的创意人还是工作狂，人人都适用。

我们每个人都不会完全一样，而我希望的是每个人都能因为
用对工具而从混乱变得有条理，然后不再回头。这样一个希望，
宝拉用这本书帮我达成了。学习用清单来管好要做的事，会是你
学会有条理最棒的一门课。

确实，我有"生活秩序女王"的称号，但我并不完美。面对
新的挑战与计划，或是工作量满到一定程度，我还是会有觉得乱
的时候。这时候清单就可以帮助我把生活的节奏与重心拉回来。
说到提升生产力、效率与成功，永远学习不完，所以我想对宝拉
说声感谢，谢谢她写出了这本书来作为我们的指引。

从小地方做起就行——你距离自由，或许只有薄薄的一张清
单而已。

本文作者朱莉·摩根斯顿为美国畅销书作家，著有
《别再看时间的脸色》(*Time Management from the Inside
Out*) 与《收纳其实很容易》(*Organizing from the Inside
Out*) 等书。

我的清单人生

　　嘿，我是宝拉·里佐，我有病。这种病叫作
"清单控"（glazomani）。glazomani这个词，按照
Dictionary.com上的解释，指的是对清单有着无比的
热情；Encyclo.co.uk上的定义则是"对建立清单有
着异常的迷恋"。是的，我就是个清单控。

　　跟一般人比起来，我绝对感觉压力比较小，为
此我真的得感谢长伴左右的清单。当然，要把清单
上的项目一条一条画掉，也是会焦虑的，但我另外
有法宝跟手段可以处理这个问题。身为一个每天被
"时间限制"推着跑的纽约电视制作人，我真的得把
得过的艾美奖与大大小小的成绩，归功于列清单的
习惯。靠着清单，我完成了更多的工作，规划了海
外的婚礼，找到了落脚的公寓。

我的生活就是不断地在列清单。

☐ 要做的事情
☐ 要去的地方
☐ 要想的剧情
☐ 要试的APP
☐ 喜欢的餐厅
☐ 想读的书单
☐ 待办的活动

清单主题可以没完没了。我甚至会把尴尬时可以说的话，挑内衣时可以说的话，还有要逗人笑的时候可以说的话都列张清单出来。我发现为生活中各种可能的情境都做好万全的准备，可以让时间的运用变得更有效率。

我知道不是每个人都像我一样执着于清单的研究与建立，但我觉得有这样的"强迫症"才是对的，大家都应该学我。所以我写了这本书，我希望看了这本书，大家能找回自己的生活秩序，重新成为自己生活的主人，不要动不动就忙不过来、喘不过气。

☑ 事情太多，时间太少

　　我一直都很害怕改变。上小学的时候我超讨厌换新老师，也讨厌换座位，因为我容易对熟悉的事物"太黏"。有一次我老公杰伊说他觉得我们应该从皇后区的佛里斯丘地区搬到曼哈顿，我马上表现出了消极的反应。我坚壁清野，嘴巴紧闭，用无声表示抗议。我内心的对白是：干吗要搬新家呢？现在的地方不是好好的吗？改变对我来说好可怕，好多不确定性，要重新适应得花费我很大的力气。

　　上东城、东中城、苏活区、金融区、东村、葛拉梅西，曼哈顿的区块那么多，我们可以做功课的时间却那么少。我们尽可能在曼哈顿找了符合我们租金预算的地方看房，但我一坐纽约市地铁F线回到佛里斯丘，脚才刚踏出车厢，回到温暖的家不久，我就已经想不起来刚刚看的公寓有多少收纳空间、有没有暖气，甚至是几楼的房子，我全都不很确定了！找出租的房子时，很多时候房东的广告不会列出完整的信息，可能没有照片，也很少提供房间配置的平面图。正常状况下，我算是很善于专心一意，但不知为什么这次找房子的事让我难以招架，我处于惊慌之中。最后，我终于解开了谜团。

☑ 好清单让人变轻松

面对这样的问题，我没有一开始就使用我经验中非常好用的办法来处理，我忘了列出清单！在来回很多趟都白跑之后，我终于决定像工作时一样列张清单。在纽约这个大苹果里当电视节目制作人，我的工作有时是在摄影棚里，有时候则要出外景。我得构思节目的企划、想情节、进行访谈、约来宾、搞定主播、分配各单元的时间，事情可以说多到没完没了。这才想到，我有这么多工具和技巧，可以帮我搞定工作上的庞杂任务，只要把那些办法拿出来用一下，要找到新家，应该易如反掌。

做节目的时候我会用清单、检查表、流程表等工具，来掌握工作进度。仿效这样的做法，我把自己在看房子的时候需要注意的所有事项都列在清单上：地址、楼层、景观、地板（硬木或地毯）、收纳（柜子数目）、室内平方数、房间数（几室几厅）、有没有家电（洗碗机等）、管理品质（管理员、保安、门房）等。这张清单成了我跟杰伊后来看房的基本配备，我们会按照表上的项目一条一条地确认，一个空间一个空间地检视，问题也能问得行云流水，不会挂一漏万。清单在手，我们可以专心确认自己的需求与对象的条件，如此我们便可以收集到所有的信息，来做出最正确的决定。

☑ 像个制作人那样思考

看房的清单让我能集中精神，清楚自己想要的是什么，又该询问准房东什么问题，这作用类似我上班时随身携带的拍摄工作单。带队去棚外取景，我都会把要问的问题跟要拍的东西列成清单带着。

取景的前一天，我会坐在办公桌前，把访问的流程在脑中整个扫一遍。我会用画面去想象整套流程的每一小步应该怎么走。比方说，我会先访问医生，再来拍问诊的画面，让医患同时入镜，最后采访患者的看法。我会思索整则新闻的主旨，然后事先在一张清单上拟好要问医生与患者的问题。这么做的好处是我不会将该问的问题遗漏了。虽然我已经是老鸟，出过的外景不计其数，但我从来不会偷懒省掉这点事前的准备工夫，要知道不怕一万只怕万一，而做电视节目一有闪失就是很贵的事情。最坏的状况就是两手空空回到电视台，能用的画面都没拍到。剪接人员虽然常能化腐朽为神奇，但巧妇难为无米之炊，要是没拍到医生满头大汗急救患者的场景，那你的报道最终还是会难产。

外出取景偶尔会遇到突发状况，医生可能受访到一半有紧急的患者得看，或是急诊室有什么状况要去支持。但只要有清单在手，我就可以在状况解除后精准地恢复进度，最后满载而归。

带着"理想公寓条件一览表"去看房，我回到家便可以把数据一摊，然后好整以暇地跟杰伊对今天去过的房子评头论足一番。最后我们在东村找到了超棒的公寓，在那儿开心地度过了美好的四年。

☑ "清单制作人"网站诞生

我们搬进新公寓后差不多一个月，一个朋友也要找公寓。她说自己一点头绪都没有，而且想到找房子就一个头两个大，于是她问我："上次那张清单还在吗？"既然朋友开口了，我当然把自己的心血大方地捐出来。而她拿了清单离开，不久也顺利地找到了理想的公寓。话说我这朋友在看房的过程中，一名房产中介瞄到了她手上的单子，也跟她要了一份。结果房产中介先生觉得这点子太棒了，他等不及要跟客户分享这个让人可以专心办事而且滴水不漏的秘密。于是我的朋友回来跟我说："我觉得你的清单有搞头哦！"

在这样的机缘下，2011年4月，我创立了"清单制作人"（ListProducer.com）网站。这是个强调"效率"的园地，我会在这里分享各式清单与技巧，希望能帮助来访网友提高行事效率，另外这网站也提供一些我从各领域专家身上偷学到的东西。这做法，我称之为"清单式思考"，它可以应用于生活中大大小小的事情与五花八门的场合，而我创立网站的出发点是要帮助人，希望各行各业的人都可以活出效率、活出成果，活得几乎没有压力！

☑ 清单式思考的好处

以下是这本书可以帮你做到的事情。

□ 不论是工作还是生活，都可以达到事半功倍的效果。
□ 想出新的创意，改掉不理想的清单拟法。

□ 空出时间来享受人生。

□ 把部分杂务外包出去,让你不必从早到晚事必躬亲。

□ 认识好用的手机APP、在线服务、网站,让你在追求生活井然有
  序的路上得道多助。

□ 让你学会送礼、办派对,让你有时间与精力投入你热衷的活动。

□ 顺利减压。

☑ 设定你的目标

设定目标是一件大事,做完之后你会大大松一口气。但那是后话,现在有一样功课你得先做,请列出三项你希望从这本书中得到的收获。我在前面提过的任何一项,都可以是你的目标,比方说"井然有序",但一切还是在你自己,你可以自行决定。我会循序渐进,一章一章地指导你,让一张又一张的清单带你走上成功之路。

☑ 助你一臂之力

我衷心希望这本书可以让你动起来,让你完成更多事情,但

我知道人都有惰性，所以我决定要助你一臂之力。我设计了一组工具让你去评估清单可以在哪些地方派上用场，你又该如何让清单发挥最大效益。这一路上会藏着奖赏让你不至于半途而废，你可以自行到这个网址：ListProducer.com/ListfulThinkingGuide去取得免费资料，不用客气。

为什么
精英都是
清单控

第一章

清单可以做什么

麦当娜、玛莎·斯图尔特、约翰·列侬、埃伦·狄珍妮丝（《埃伦爱说笑》节目主持人）、美国开国元勋富兰克林、美国前总统里根、达·芬奇、爱迪生、乡村歌手约翰尼·卡什，你知道吗？这些名人除了事业有成甚至功绩卓著以外，还有个共通点，那就是：他们全都是爱列清单的人。这些优秀的男男女女与其他许多闯出一片天的企业家一样，都用清单来管理他们的创意、逻辑与工作任务。

　　职场社群网站领英（LinkedIn）最近做的一项研究发现，63%的专业人士会把待办事项拟成清单，但拟清单是一回事，用对清单又是另一回事。事实上，同一份研究发现，列清单的人当中只有11%表示他们可以在当周完成清单中列出的工作。

☑ 重新成为自己生活的主宰

时间——没有人会嫌它太多。面对公司、家庭、熟悉或不熟悉的朋友，我们总是有太多事情没时间去完成。要在一天二十四小时内把所有该做的、想做的事情都安排上，然后还要有时间放松，可以说时间确实不够用。无怪乎现代人会这么焦虑，这么疲乏，这么期盼放假。

根据家庭与工作机构（Family and Work Institute）的研究调查，美国有超过半数的上班族觉得被工作压得喘不过气。"待办事项"没完没了，光一天的行程就可能长得像下面这样。

☐ 公司的企划案收尾

☐ 送小孩上舞蹈课

☐ 清理车库

☐ 投简历找新工作

☐ 规划假期旅游

☐ 跟朋友见面小酌

☐ ……

☑ 采取清单式思考

很多人说希望自己能在事业表现上有所突破，在财务上更自由，对自己的生活更满意，身体更健康，这些都是他们感觉做不到的事情。他们觉得自己要不就是时运不济，不然就是资源有限，诸如此类。但其实只要一小张纸（或一个APP），我们的人生就可以反转。一张纸（或一个APP），不难吧，有谁做不到吗？

想要在生活中的任何一个层面有所突破，都不能只是做白日梦，你需要采取"清单式思考"。所谓清单式思考并不是哗众取宠，故意要取个大家没听过的说法来吸引目光，事实上它真的有用，而且效果非常好。各位，且听我说分明。清单列得对、列得好，力量是核弹级的。目标一旦写成白纸黑字，你就必须负起责任。这目标可以小至去卖场把预订的有机鸡蛋拿回来，也可以大到写一本书出来，其背后的精神都是一样的，那就是你要在生活中得到想要的东西，完成你设定的目标（然后在"待办事项"把那件事情画掉）。

有54％的人觉得自己每天在原地打转，如果你也是其中一个的话，我有个好消息要告诉你：这不是你的宿命，你可以改变。你会有时间休息、放松，看本闲书，发展你的兴趣。拥抱清单式思考，你就可以重新拥抱美好的生活，因为清单可以帮助你把该做的事情切成小块，让你可以细嚼慢咽，像盖伊·菲瑞[①]端上来的都是一大块牛排又不给你刀叉，难怪你会不知从何下手。

有张清单，你该完成的事项、该计划的事情、该解决的问题，都会变得比较好处理。我会教会你下面的事。

□ 用清单来提高工作完成度

□ 善用每一分钟

□ 更有条理

□ 更有效率

□ 把钱花在刀刃上

□ 解压

□ 兼顾职场表现与家庭生活

---

① Guy Fieri，美国美食联播网（Food Network）电视节目主持人，同时也是餐厅业者。他在美国十分知名，所主持的节目名称就叫《盖伊大口咬》（*Guy's Big Bite*）。

✓ 列清单的好处

列清单不仅可以让你完成目标，还可以让你的日子过得不焦虑、更平衡、更从容。这样的经验我们都有过：长途旅行回来你发现牙刷不见了，或者跑了一趟商店却忘了计划要买的黑裤子。如果能先写下来，你就不会丢三落四、忘东忘西（好吧，有时候我们还是会忘记事情，但写下来总是比较不容易忘记）。清单的角色就像按摩师（帮我们解压）、严格的教练（督促我们完成工作），以及救生员（避免我们出事）。清单在手，我们可以少走冤枉路，少花冤枉钱，因为面对任何状况我们都会胸有成竹。

不论是不是清单控，你都可以因为这个并不属于高新技术的工具而受益。再怎么满脑子糨糊的人，只要有一张清单，都可以变得条理分明、思绪清晰。其实差别就在于有所准备，多用了点心。

你知道吗

爱用清单的名人

很多人都知道，麦当娜在跑通告或办私事的时候，会在她的加长型礼车中列清单，她会写下要做的事情、要买的东西、要赴的约会、要签的合约。这些"手稿"都已经在拍卖会上以几千美元的高价成交。

✔ 清单的威力所在

"信之，便能成之。"[①]（奥普拉名言）。我是她电视节目的忠实观众，而且是铁粉。我十三岁就已经迷上《奥普拉脱口秀》，我决定写信给我的偶像，之后也收到了印有"奥普拉专用信笺"字样的正式回函，外加一张亲笔签名照。信的内容在下一页。

我喜欢奥普拉在信中提到的："虽然因忙碌无法一一回答你的问题。"

我只能说当时的我就像个小记者一样，什么事情都想打破砂锅问到底！

总之，"信之，便能成之"是奥普拉的名言，但她其实也是

---

① You become what you believe是我一直以来的座右铭，对此我很感谢奥普拉。

从作家马娅・安杰卢[①]那儿听来的。这是我最钟爱的人生哲学，我衷心相信：凡事只要相信，就能在你身上降临！

奥普拉给宝拉・里佐的回信

亲爱的宝拉：

　　谢谢你特地给我写信。虽然因忙碌无法一一回答你的问题，但你信里所说让我很开心，也希望你在学校里能好好用功。记住要保持好成绩，好成绩是你未来成功的契机。

　　再次感谢你的来信与收看《奥普拉脱口秀》。

　　谨祝：万事如意！

奥普拉・温弗瑞

1993年5月10日

八句我精选的奥普拉名言

　　我从奥普拉身上学会了付出、倾听与全力以赴。从年轻时看她的节目开始，奥普拉就是我生活的一部分。而随着年龄增长，她愈来愈像是我努力的目标。

一 信之，便能成之。

二 当恶人以真面目示你，就要立刻学到教训。

三 把伤痕变成智能的标记。

[①] Maya Angelou，非裔美国知名作家、诗人与编剧，同时也是民权运动分子。最知名的作品是记录早年经验的自传，让她在文坛与社会上备受推崇，并曾获得"美国国家艺术勋章""总统自由勋章"等嘉勉。

四 找到没钱也愿意做的工作，你就能一步步接近成功。

五 我相信每件事的发生都有它的道理，即便我们不能马上
看出其中的奥秘。

六 只与能引领你上进的人为伍。

七 能够判断对错，就能做出成果。

八 世上没有所谓的失败，过程愉快就不算失败。

只要设定好目标，要成事就容易多了。有目标代表你

☐ 必须接受检验

☐ 会有动力往前

☐ 初衷常在眼前

把事情写下来本身就是一件充满力量的事情。加利福尼亚多米尼克大学教授盖尔·马修斯（Gail Matthews）博士研究发现，把事情写下来，最后能做到的概率，会提高33%。

这规则适用于大大小小的事情。小至鲜奶没了要去补货，大到找工作或跟家人和解，清单都能让你处于更佳的状态去面对种种挑战，你会更知道自己在做什么，更知道自己想做什么，你会更有条理，更有动力去冲破难关。另外很棒的一点是，无论遇到什么样的事情，清单的好处都不会打折扣，以下就来看看清单可以带给我们哪些帮助。

1. 列清单可以减轻焦虑

你是不是常对自己说："事情这么多，我实在忙不过来！"
这样的担忧每个人都会有，而要减轻这种焦虑的办法，就是清
单在手。只要开始把事情写下来（或输入手机），你就可以暂时
把连带的事情从易失存储器中删除，这样你大脑的运算压力就
会减轻。

是人就会忘记事情。我没骗你：即便是成年人，平均也只能
维持注意力十五到二十分钟，所以偶尔丢三落四不仅正常，而且
是一定会发生的事。当然，这是在没有清单的情况下啦。要避免
忘性大发，最好的办法就是一想到重要的事情，就记下来放在显
眼的地方。用磁铁压在冰箱门上，用便利贴粘在办公桌前，寄电
子邮件给自己，甚至输入自己的手机里都行。我自己则是只要脑
中一闪过事情，就一定立刻写下来，否则轰的一声，我脑中又会
闪过别的事情，前面的事情就被盖过去了。只要坚持强迫自己花
几秒钟把灵感写下来，你事后就可以省下很多苦思和煎熬。

2. 列清单可以提升脑力

列清单可以让你运动到平常少用的大脑"肌肉"。所以列清
单不但是一种生活的规划，也是一种脑力的锻炼，列清单的小孩

不会变笨。记忆专家辛西亚·格林（Cynthia Green）博士曾受邀在我的博客上写过一篇文章，谈论列清单为何可以拯救我们的思考能力。按照她的说法："记忆的工具，包括清单，会强迫我们凝聚更多精神在我们必须记住的信息上，记忆工具会提供一个组织架构，会赋予信息坐标乃至于意义。"

3. 列清单可让人变专心

把清单当成导航地图使用，你便能专心致志地朝着目标迈进。而专心有助于提高你做任何一件事情的效率。一整天下来你会发现自己愈专心，做事情就愈有效率，一旦该做的事情可以提早做完，你就能腾出更多的时间去做你想做的事情。

日子愈忙碌，人就愈不容易专心。你应该有过这样的经验吧？本来坐下来准备写封电子邮件给客户或朋友，结果正要敲下键盘时，一封邮件冒了出来，于是你搁下第一封信，开始准备回第二封信，没想到你第二封信还没开始回，电话又响了，这次是你的老板或是小孩，抑或是快递要跟你确认地址……啊（拉长音）！你懂我在说什么吧？

如果有清单在手，你就不用怕工作被打断，因为就算遇到急事需要插进来先处理，做完后也容易回归刚才的中断处。如果你正在回电子邮件给约翰，而老板突然打电话来，正确的做法就是在清单上写下"电子邮件约翰"。你我都知道的，跟老板一通完电话，电话还没有挂掉，就会有新的事情向你招手，所以把刚刚的事情做到哪里写下来才是最保险的。把事情写下来感觉很简单、很基本，甚至很无脑，但效果也是出奇地好。

生产力小提醒

不接临时电话！

中断，是效率的死敌。凡被打断，效率必大大降低。还好我这儿有一条金律可以帮助你躲过这样的危机，那就是通电话一律采取预约制。

我从来不接临时打来且对象不明的电话，我知道这样听起来很无情，甚至很无礼，但这种电话一接起来，你的行程就被打乱了，不是吗？你原本在忙某件事情，现在你却得停下来接电话。当然这通电话可能是为了公事，甚至可能是很重要的公事，但你今天原本的计划还是被干扰了，不是吗？或许你安排好了待会儿要赶赴某个行程，结果一通电话可能就让你不得不改变计划，电话打来之前的事情就被拖延了。这就是我坚持通电话要预约的原因，没有例外，没有约好的电话我是不会接的。

你可以试试看，一整天下来差别会很大，我保证！

4. 列清单可强化自尊心

对我来说，把事情从清单上画掉是一大乐趣，而且也是一件非常有成就感的事。有时候我甚至会把原本不在清单上的工作追加上去，只是为了我能再把它画掉！一笔画下去，人的自尊与自信就会跃一级，然后做起事情来又会更有动力与效率。光是知道自己可以把工作搞定，就会有股力量推着你继续前进。格林博士认为，清单可以让人感觉对生活更有掌控力，而一旦我们对生活更能积极参与，无力感就会化为无形。完成的事情愈多，我们就愈能发挥潜力，愈相信自己。

5. 列清单可厘清你的思绪

偶尔遇到事情不好决定或计划去哪儿旅行的时候，我会把思绪全数写在纸上。各种想法列在清单上，我就可以一步一步去构思如何把步骤跟结果连起来。这会让我面对事情觉得胸有成竹得多。你也可以试着把想法"卸货"，放在纸上并写成清单，这样你的内存就会变得清爽，你大脑的处理器就可以跑得更顺，思考生活里大大小小的事情都不会卡。

6. 列清单教会你预则立

美国女童军的官方座右铭"凡事做好准备"（Be prepared.）是句相当有分量的话语。我倒是没当过女童军，但还是把这句金玉良言谨记在心。我手边永远都会准备好零食、纸和笔，你永远不知道自己什么时候会需要这三样东西！生活中其他的事情也适用：我们凡事都应该做好准备。不论是要租房子、找房子，还是要换工作，我们都应该用清单来随时掌握事情的轻重缓急。

☑ 清单和检查表有何不同

我们常常把这两个词混在一起用，但它们其实是两种不一样的"物种"，清单可以包含"待办事项"单，可以是"正反理由"单，甚至可以是另一半的种种可爱之处。但检查表就不一样了，检查表是一组配方，是你要去完成某件事情的胜利方程式。一张不起眼的检查表，可以让你办事时几乎不会有任何闪失。

☑ 流程检查表：避免差错

　　我进入电视圈的第一份工作是55频道的"我爱纽约"电视台（WLNY–TV），公司在长岛城（顺便八卦一下：我跟老公就是在这家公司认识的）。这家电视台的台史上最黑暗的一夜，起因于一个很愚蠢，而且完全可以避免掉的错误。

　　那一晚，我们的专职主播休假，所以晚上11点的新闻就找了个记者来代班。当时我们白天要当实习生，要写新闻，晚上要制作录像带（没错，那还是录像带的时代），要弄读稿机，要操作摄影机。命定的那一晚，时钟响了11下，一号摄影机的红灯亮起，我们开始现场直播。

　　代班的主播开场很完美，然后她按照脚本把头转向三号摄影机，准备念下一则新闻，但就在这个时候——糟糕，读稿机上空白一片！天哪！主播的噩梦活生生地在真实世界上演，语塞的代班主播不知所措地边看稿边故作镇定，但她知道，观众知道，现场的工作人员也都知道：事情不妙了！

那天晚上在"灾后重建检讨大会"上，我们讨论了夜间新闻的表现哪里好、哪里不好、哪里糟到没有字可以形容，结果代班主播把负责三号摄影机的人批判到体无完肤，原来那天负责三号摄影机的实习生（不是我哦！）忘记把读稿机的电源打开了。场面真是惨不忍睹，那个实习生被骂到快崩溃了。

第二天导播马上宣布："棚内的摄影机在操作之前，当班的人都必须先填检查表！"我想你们可以想象，此消息一发布，所有人都是翻白眼外加哀号，但导播的命令我们也只能照办。我在那里待了两年，这两年间每节新闻播出前，摄影机的轮值人员都得先填如下表格。

☐ 打开读稿机电源
☐ 调整前倾或后仰的高低角度
☐ 设定镜头角度调整的阻尼松紧
☐ 对焦
☐ 检查耳机

这些都不是很困难的事情，但一个不留神就可能少做一样，而少一样就可能造成天堂与地狱的差别。

☑ 检查表：专业标准作业宣言

　　清单对三百六十行的人来说都可以是一股助力，如机师跟医师在工作时使用检查表已经是多年来的惯例。在波士顿布里恩与妇女医院服务的外科医师阿图尔·格文德（Atul Gawande），在其所著的《检查表：不犯错的秘密武器》（*The Checklist Manifesto*）一书中提到，机师在起飞前有检查表，航程中遇到紧急状况也有检查表。乍听之下这么多检查表好像没有必要，毕竟机师都是训练有素的专业人员，但在压力之下，人总是容易忘记事情。

　　检查表的作用，就是让我们不要忘记简单但重要的小事。

☑ 机师的基本须知

　　13是一个神奇的数字。机师从坐进驾驶舱到降落抵达终点，会用上的检查表大概就是13种，帕特里克·史密斯（Patrick Smith）是这样跟我说的。他有超过20年的商用客机机师经历，著有《驾驶舱机密档案》（*Cockpit Confidential*）一书。帕特里克说每家航空公司的检查表内容都不太一样，名称也不太一样，但里头交代的都是每趟飞行从起飞前到落地后的所有注意事项。史密斯说："我没办法想象少了检查表要怎么飞行。我要说的是对我们机师来说，检查表已经内化到一个程度，缺了检查表感觉就像没穿衣服一样。"

　　飞行员所受的训练就是要记住特定处置方式，但有些状况下机师会拿起公司发给他们的《快速检索手册》，里头尽是应对特殊状况的处置清单。

　　"这本手册之所以这么厚，是因为里头扎扎实实有上百种清单，而这些清单都是要在异常状态时用的。手册里有一部分是讲飞机的功能，如果飞机遇到紧急状况或系统失灵，你就只能靠这本手册，它会把理论化为步骤来指引你怎么处理。用外行人能懂的方式来形容，这就是张告诉你怎么办的清单。"史密斯说。

　　我做的不是人命关天的工作，但每次出外取景我还是会使用检查表。前面提过，在出发的几天前，我会在脑海中把访问的过程过一遍，然后把想要问的题目写下来。到目前为止我做过的每一次访谈，开头都是同样："请问您的姓名怎么拼？"我还是会把"姓名、年龄、职业"写在问题清单的最上面。我不希望自己还得费神去提醒自己有事要另外记住，此外我也会把想拍到的镜头都先写下来。其实工作这么多年来，访问跟拍摄对我来说都已经驾轻就熟了，但列清单这一步绝不省略是我的原则，我就怕冷不防来个意外。有清单，至少不会连基本分都丢掉。

　　格文德医师跟世界卫生组织合作，要将检查表推广到全球各地的医院里，因为他看到了清单给机师与高楼层建筑工人带来的好处。2008年，格文德的团队首先以一张19点的检查表打头阵；6个月后，参与研究的8家医院观察到重大术后并发症的比例下降了36%。

　　关于检查表在手术室里的运用与表现，我请教了在新罕布什尔州执业，专攻最小侵入性手术的克里斯托弗·罗斯伯里（Christopher Roseberry）医生，他在回复我的信里是这么说的：

"只要一张术前检查表，患者就可以把手术前的医生指示乖乖做到。就拿疾病控制中心从2003年起推动的'外科照护改善计划'来说，我们的实施成效提升了百分之百。事实上，没达到要求的个案，都是因为患者进了手术室才发现病历里没有印好的术前检查表。这证明了检查表可以把人的忘性从成败的方程式中画掉。"

看吧，检查表管用吧！

☑ 清单不光可以拿来买菜用

2011年4月，我开始了"清单制作人"博客生涯，自此我开始得知清单的各式用法。清单不仅能帮助我们做决定，也不限于用在采买或掌握工作进度。清单的其他用途还包括能帮助我们疗愈心灵、提升健康、追求成就与充实自我。

"9·11"恐怖攻击后，《打包别贪多》（*Only Pack What You Can Carry*）的作者贾尼丝·霍利·布思（Janice Holly Booth）看着镜中的自己，觉得不太满意。我们都眼睁睁地看着美国史上最严重的恐怖袭击在电视上发生，我们都开始重新检视自己的生活，贾尼丝也不例外。她坦言："我知道我这个人意见很多，但我没有恨意，我只是爱批评。但人一旦开始批评事情，那就是一条错误的不归路。"

贾尼丝是北卡罗来纳州的一支女童军会的执行长，她从同事和朋友那儿得知自己基本上是个好人，但有时候也会失之于过度严厉、固执、没弹性，甚至冷漠。听到对自己的这些评价，贾尼丝说她觉得自己好像快要疯了；她觉得很受伤，因为她从来没想过自己会被说成这样。

不过她并没有被打败，反而决定要做出改变。她说："我知道这伤很深，也知道自己必须想办法疗伤，问题是我不知道这伤要怎么个疗法。我会的就是列清单。"贾尼丝说清单救了她一条命，但这张清单列的不是"待办"事项，而是"待变"事项。

上面所举的不过是清单改变人生的几个实例。事实摆在眼前，清单可以是你人生的导航装置，可以让你想到哪里就到哪里。

☑ 列清单可以是一种心理治疗

提笔写清单是一种"疗愈系"的活动，有让人平静下来的作用。把心事"卸货"到纸上，可以让你注视着它，不用费力去记它，这样你的焦虑就会减少；你可以把事情输入手机，让手机的内存去替你分摊记忆的重担。

心理学家与心理医师常建议患者列清单来避免焦虑。用清单去呈现有利与不利因素的排列组合，也可以帮助你做出重大的抉择。"信息的建文件、储存与组织都是很伤神的，我想一般人都低估了这些过程所耗费的脑力有多大。"亚特兰大的心理医师兼心理治疗师特雷西·马克斯（Tracey Marks）点出了这个事实。这类心理压力对人的情绪与生理状态会造成多大的负担，是确切已知的事情，我们可能会因此失眠、肩颈僵硬，情绪变得不稳定。马克斯认为，列清单就像"打通一条路，让累积的情绪流泻一部分出来"。维持压力的平衡是我们身心灵健康的关键。《压力狂：五个步骤改变你与压力的关系》（*Stressaholic: 5 Steps to Transform Your Relationship with Stress*）的作者海迪·汉娜（Heidi Hanna）说："人体系统无法长期承载高压或刺激，这没有为什么，只不过人就是人。"她还说："所有事情都应该有个节奏，一旦节奏不见了，变成像心电图上一条平坦的横线，那可是会要人命的。"

☑ 清单人人爱

人类社会对清单有股狂热。

□ 戴维·莱特曼的"十大排行榜"[①]

□ 商品畅销排行榜

□ 电影票房卖座清单

□ 名人身价排行榜（我的偶像奥普拉经常是榜首）

□ 八卦或冷知识

□ 搬家要带走的东西

□ 看医生要问的事情

---

① 戴维·莱特曼（David Letterman），美国知名脱口秀主持人，在节目中常用各主题的"十大排行榜"来带动不同话题的讨论。

你知道吗

关于十大排行榜

　　戴维·莱特曼秀第一次播出"十大排行榜"是在1985年，天字第一号的"十大"主题是"（几乎）跟豌豆复数（peas）押韵的英文单词"。

　　你随便出个题目，都有人可以列出清单。以各种清单作为卖点的网站有一大堆（我就弄了个"清单制作人"网站）。除却清单的实用性与一目了然的特性不说，清单还有其他的重要功能。比方说，不论目的为何，检查表都可以帮助人专心、维持冲劲、有条理，而且能大大提高成功的概率。经营dClutterfly网站、同时也是收纳专家的特蕾西·麦卡宾（Tracy McCubbin）说："人类是习惯的动物，任何时候我们都是愈轻松愈方便愈好。我知道有人觉得列清单是一种断奶不成功、龟毛、A型人格[a]的表现，但我不这么认为。我觉得清单对我来说代表着自由。"

① 1959年美国两位心理学家迈耶·弗里德曼（Meyer Friedman）与雷·罗森曼（Ray Rosenman）在合著的《A型行为与你的心脏》（*Type A Behavior and Your Heart*）一书中指出，美国冠状动脉心脏病的发病率与人的个性有统计学上的关联性，其中个性的部分被分成A型与B型两种，A型人被描述为有组织、没耐性、有野心、易焦虑的工作狂。

☑ 为什么
☑ 精英都是
☑ 清单控
☐

第二章

清单都一样吗

清单最基本的功能，是要帮助你记住要做的事情和要买的东西，但更重要的是清单有"路径图"的作用。清单就像是一个跳板或是发射台，从清单出发，你可以去完成很多事情。我对自己有多爱"待办事项"清单心知肚明，因为这张单子让我的行程不会走偏。当然，你可以制作的清单种类繁多，远远不止于此。

☑ 好的、坏的、决定不了的：利弊对照表

你人生中的任何决定，几乎都可以说是有利有弊。

☐ 买房子
☐ 换工作
☐ 生小孩
☐ 度蜜月

这些事情都算重大决定，都需要你深思熟虑。此时应该要跳出来的，就是利弊对照表，不论你是好玩或是认真，这样的清单都可以发挥功能。最能让利弊对照表好好表现一下的时候，就是你犹豫不决的时候。不过我一次通常只比较两项选择，三项以上的选择拿来比较，可能会比不做比较更令人混乱。

亚特兰大的心理学家兼心理治疗师特雷西·马克斯说："有时候列张利弊对照表，是不得已的，但这样列是有好处的，因为你可以把所有的可能性都思考一遍，不会因为在脑子里空想而忽视掉一些因素。"

他举例说："我们很容易认定在家工作不用出门很棒，但你可能忘了上班可以由公司帮你付保险金等。"

接下来，我们来细究一下如何用利弊对照表来帮助我们减轻焦虑，做出决定。

1. 手写或打字

小女子我一方面是个轻微"纸笔控"，一方面对APP或科技也完全不排斥。我的状况大致是看手边的纸张质感是不是我喜欢的，若喜欢，则我有可能即便面对难关，也一样要找个地方坐下来把表写完。KnockKnockStuff.com网站上有现成的利弊对照表，我用过几回，还挺好玩。当然你也可以随便拿张纸，从中间折一半，一边写赞成的理由，一边写反对的理由，无论哪种，效果是一样的。若你想打字，也完全没有问题。

2. 着手列清单

遇到需要比较事情利弊的时候，我的第一步都是把脑中的直觉统统写下来，不论大小，也不论感觉重不重要。要不要接受一份工作，我会把这个职位的办公室墙壁是绿色的也列成利弊的"利"，只因为绿色是我最喜欢的颜色。当然，稍后你可以把它筛选掉，但是在"海选"阶段你应该海纳百川。

这个步骤需要你换上一个记者的脑袋。我记得我高中上第一堂新闻课的时候，老师告诉我们5件事情，那就是很多人都知道的5个"W"。

（1）谁（Who）？

（2）什么（What）？

（3）何处（Where）？

（4）何时（When）？

（5）何以（Why）？

列清单之初就要想着这些细节。你得尽量客观地去检视这些事实，不要才开始列清单就加入自己的主观想法。反正就是先把想得到的事情都写下来，之后再来慢慢地评估优先级与孰重孰轻。

036 为什么
精英都是
清单控

3. 编辑清单

所有的想法都写下来以后，下一步就是要一项项"给分"。你考虑要买的房子在繁忙的大马路边，你会在意吗？会的话，那就不用客气，把这点列成"弊"就对了。不重要的事项，比方说办公室墙壁的颜色，就把它画掉。通过这样的分类和取舍，你可以编辑出一张有用的清单。说到编辑，类似的观点可以加以整合，这样你的清单才不会过长。

4. 沉淀一夜

最终版的利弊对照表出炉后，先搁在一旁，让你的大脑休息一下。一直盯着一样东西看，你会没办法把事情想清楚。睡一觉，隔天再回来面对这张表，相信你一定能以崭新的角度，把不同选择的利弊看得更清晰。

5. 轻重与缓急

并不是清单上有5个利、3个弊，利就赢了。带着批判性去思考每个选项，设想不同选项会为你生活带来的改变。需要的话可以做点功课，研究一下问题的背景，找人问问也行。别忘了你觉得天大的事情，在别人眼里可能只是还好而已。实际一点，忠于自己一点。

你可以试试登录网站Proconlists.com，输入你脑袋中所有的利弊，然后再分别从理性与感性出发，给予这些正反因素不同的权重。输入完毕后，网站就会自动演算出你的正确选择。你当然不是非得使用这个网站不可，但你可以去上面练习一下，怎么样细细思量一个一个正反因素。

6. 把事情说开

如果还是犹豫不决，你可以找朋友、另一半或同事聊聊。三个臭皮匠，赛过诸葛亮。别人说不定可以点出你没有看到的好处或坏处，让你茅塞顿开，豁然开朗。

☑ 用清单帮你打包行李

每次出门前打包行李之所以需要清单，关键的原因有二：

1. 你一定会忘记需要的东西；

2. 清单可以帮你省钱。

这两个是很重要的理由。去遥远的热带岛屿度假，出了机场到了海滩才想到自己忘了带泳衣，绝对会很煞风景。当然你随时可以当个冤大头，到景点附设的礼品店去买抬高价格的泳衣，但这当然是不得已的下下策。这样做不只浪费血汗钱，也浪费了原本可以放松的时间。

说到钱，美国交通统计局的数据显示，2012年美国最大的航空公司光托运行李就进账35亿美元。你没听错，35亿美元。每一件行李25美元听起来不多，但加起来还是很惊人的。假设你们家一年至少度一次假，一次3个人，那就是25乘以3，75美元，你还没玩就花了75美元，75美元省下来可以做什么？我想到的是，你可以去做头发、去手脚美甲、去打场高尔夫球。

这些事情跟打包的清单有什么关系？嗯，这么说吧，旅行前愈有规划、愈有准备，你就愈能把为"以防万一"而带的东西减到最少，换句话说，你可以只带绝对必要的物品。这样你就可以少带些行李，多省下些钱。这道理很简单，但实行起来很困难。我承认这需要一点事前的准备工夫和自我要求，但我保证你会一试上瘾。我的做法是，每次出门都重新列张新的清单。有些人会有固定的格式，上面预先列常用的旅行用品，但我比较喜欢按照每次的目的地不同来从头设计清单。对我来说最重要的是，一表在身，压力不上身。

1. 拟订行程

假设要到海边从星期五待到星期一，我会写下每天的活动，这样我就会知道要带什么相应的衣服。

> 星期五：交通、晚餐、住宿
> 星期六：海边、晚餐、过夜
> 星期天：海边、坐船出海、晚餐、过夜
> 星期一：归途

当然除了考虑到穿什么，你也得同时考虑到要用的物品。如果这趟旅行的主题是参观博物馆，那你就千万不能忘了照相的工具和舒适的鞋子。

2. 分门别类

对每天的活动有了概念以后，你自然就知道会需要哪些类别的用品。我会把打包的清单分成以下这几个类别。

☐ 卫浴用品

☐ 衣服鞋袜

☐ 珠宝首饰

☐ 电子装置

☐ 书籍读物

☐ 文件数据

☐ 最后补充

分门别类可以让你把要带什么东西想得更清楚、更周到。如果一拿起清单来就要写上该带什么东西，正常人都会觉得头昏脑涨，不知从何写起。经过分门别类，原本的一大团分成一小口一小口，你就不会有咽不下去的感觉。

3. 日常惯例确认

我会想想自己平常一天都会做些什么，以免有些旅行时需要的东西没带，这可能包括牙线棒、止汗剂。你应该也不希望到了目的地，才发现没带牙刷吧？

4. 气象预查

气象预报当然不是百分之百准确，但多少可以让我们在穿着或用品的准备上有一个大方向，包括要不要戴帽子、要不要涂防晒霜、要不要带伞。这方面也有不少高新技术的软硬件可以让我们依靠。

生产力小提醒
"黑色天空" APP

我爱上了一个叫作"黑色天空"（Dark Sky）的APP，它会追踪你去过哪些地方，快下雨了会提醒你。比方说，15分钟后会下雨，这个软件就会发条贴心的信息给你，告诉你这雨预计会下6分钟。没错，这个软件就是会做到这么精准（我会在第八章介绍其他好用的生活软件）。

5. 挑选行头

我觉得比起随便抓一些衣服，携带挑选过的行头会比较省空间，行李箱比较不容易被塞爆。你可以仔细扫一遍你的衣柜，把你想要穿的衣服搭配好，包含鞋子和首饰。我自己一定会在随身行李里放一条顶级的克什米尔披肩，因为上飞机可以当毯子盖。

同样在出门前有这个习惯的是先前提到过的dClutterfly网站的主人——收纳达人特蕾西·麦卡宾。她说："这两年我太常旅行了，所以我已经变成'不这样做不行，否则我上飞机前会非常焦虑'。所以现在我都会列出衣服的清单……照着这清单去打包行李，剩下的就是出发和平安到达。对我来说，开始把外出服一一列出，是我旅行心态的一个转折点。"

6. 最后补充

最后的补充清单会列出我必须使用到出门前那个早上的东西，和我要出门前才能做的事情。

小时候每次出去玩，包括去常去的纽约乔治湖，我爸爸都会把出门前要做的事情列出来，像是关空调、暂停收信、浇花，等等。之所以这样做，是因为他怕忘记什么事情。反正有张清单在，要做的事情就一样一样照办，轻松惬意。这对我来说是很好的家教，也或许是我如今笃信清单的原因。

☑️ 出远门

出远门不用怕！我有法宝。想不托运，只靠随身行李在欧洲（或者任何地方）待两个礼拜，绝对办得到。妮可·费德曼是我在纽约贺福斯塔大学的同学兼好友，她就干过这种事情，千真万确！她算是行李界的天才，关于打包她奉行几个基本原则：

1. 所有东西都用卷的。

2. 重物全都穿着上飞机。

3. 行李箱选22英寸，滚轮能不分方向前进的那种。花点钱买个这样的装备，绝对是很值得的投资，因为日后你会因此省下很多宝贵时间、金钱与旅途中的麻烦。根据航空相关规定，22英寸是登机箱的尺寸上限。

4. 选择可爱、轻便、大空间的肩背包当成你的随身包，旅途里有观光行程时可以充作提袋。

5. 太空袋必买。像Bed、Bath & Beyond这样的居家用品店里就可以买到这种让人条理分明，又好压扁的旅行包。这种包包买来，用法是装满一个，平放在地上，然后从一头卷到另外一头，把空气挤出去。挤完空气，包包会变得很小，然后你还可以在行李箱前面的口袋里多塞两个空的太空袋，回程时可以装换下来的脏衣服。

"清单制作人"网站上有妮可的其他建议，你不妨看看，相信对你的下一趟旅程会有帮助。

☑ 搬家

遇到搬家，你也应该跟旅行一样注意。不论亲朋好友多热心，也不论搬家公司多专业，搬家都不可能完全无痛，这时候清单就真的是你的老朋友了。

1. 丢东西

搬家是一个绝佳的清仓时机，你可以趁这个时候检视自己需不需要那还没拆封的第三套床单。你可以写张清单，把所有想丢掉或想捐出去的东西列出来。

2．"箱"对应

为了搬家，打包并不算难，大体上就是全部都要带走，对吧？但还是有个秘诀，一个房间对应一个号码跟一个箱子，然后将箱子里的东西都列出明细。这样做的好处是，在新家的第一个晚上，你不会有找不到要紧东西的烦恼。同样的技巧也可以用在家里的储藏室。

3．旧换新

搬家有一项乐趣就在于，带不走的东西你得换新，带得走的你可以升级。跟旧家说再见之前列张更新清单，这样一来即便人还没到，你也能先对新家的格局胸有成竹。像家具这类东西就需要事先规划。

4．新据点

这又是搬家的一大好处。新的环境意味着新的餐厅、新的商店、新的有趣事物。把你想去试试的新东西——列出来，自己做做功课，又或者你可以去问问新家隔壁的建议，顺便跟这些新邻居搞好关系。

☑ 研究清单

研究清单的妙处在于，不论你今天需要计划的是什么事情，这张清单都可以帮助你厘清种种细节。

- ☐ 在新家附近找个美容院
- ☐ 找打扫阿姨
- ☐ 如何吃得健康点
- ☐ 看房找房
- ☐ 计划婚礼
- ☐ 规划旅行
- ☐ 财务开源方法

首先，针对特定的主题把你想达到的目标、想了解的事情给

列出来，我通常都是在要出去玩或有大活动之前这么做。你在意
的大小事项，都可以列出清单来加以分析，你的思绪将因此变得
更有条理。

生产力小提醒

外包省时间

如果天生欠缺研究细胞，那你可以考虑把事情外包出
去。外包对于节省时间具有神效，还可以让你专注在你有兴
趣的事情上。想知道外包的资源如何取得，第七章有进一步
的介绍。

☑ 分类备忘清单

我说我什么事情都会列清单，可不是在开玩笑哦！

- ☐ 想读的书籍
- ☐ 想试的餐厅
- ☐ 喜爱的睫毛膏
- ☐ 想买的衣服
- ☐ 想看的剧集
- ☐ 想收的礼物（这也是件正事，没开玩笑）
- ☐ 想上的网站

我把这些清单称作"分类备忘清单"，列出的是事物，不一定是要完成的任务。

有人向你推荐某本书，你怎么办？我不知道别人会怎样，但我如果没有马上把书名记下来，稍微一分心，就像气球砰的一声爆炸，我就想不起来了。

这其实不怪我，因为人的记忆力只要不练习就容易迟钝，而我觉得这是科技产品的错。当然我们总是会有几个电话号码像印在脑子里一样，想忘也忘不了，但3C产品让我们的记忆力懈怠了，这也是不争的事实。我在公司待了7年都记不住办公室的电话，因为我不需要记。我承认有时要留电话时会很窘，我会支支吾吾地说："嗯，那个，我的电话是……等等，我查一下……哦，有了！"当然我还不至于连一个电话号码都记不住，但就是从来不觉得自己需要做到这样。

所以回到分类备忘清单，它就是你固定会用到的数据。想把这些清单放哪儿是你的自由，但你要自己记好，否则连放哪儿都忘记就是你自己的问题了。

我个人是把分类备忘清单放在手机和几个APP上，至于是哪些APP，容我留到第八章再谈。

☑ 人生愿望清单

人生愿望清单是我最爱的清单之一，因为它非常个人化。如果你是刚要入门的准"清单控"，我的建议是就先从人生愿望开始。像"死前想做的事"清单①就是一种广为人知的人生愿望清单，所有你去天堂报到前想完成的事情，都可以写在里面。

最了解你的人，一定是你自己，所以人生愿望清单列起来是很有趣的。你想学说法语，想在百老汇登台表演，想坐旧金山的街车，还是想去澳大利亚抱考拉？梦想不论大小，都可以在这清单上有一席之地。

我喜欢把人生愿望清单写在笔记本里，但你可以有自己的做法。

MyLifeList.org可以让你好好保存自己的人生愿望清单，此

---

① bucket list，又称"水桶清单"。

外它也让你有机会"观摩"别人的清单。这个网站是一个有志实现梦想者的园地，你可以在此与有类似梦想的人切磋，参考他们在朝梦想前进的路上有哪些具体的作为。

人生愿望清单的价值难以言喻。没错，有梦最美，但我相信梦想化成的文字可以在心中埋下意念，而这意念将会推着你在有意无意间坚定地朝目标挺进。

你知道吗

关于"水桶清单"

Slate.com 上说，用"踢开水桶"（kick the bucket）来形容人死的用法出现在1785年。而"水桶清单"（bucket list）一词就比较新了，现在愈来愈多的人知道它，是因为2007年，杰克·尼科尔森跟摩根·弗里曼合演了一部电影就叫 *The Bucket List*，剧情描述两个来日无多的病人把死前的心愿列了张"水桶清单"，然后为了在生命终点前经历这些体验而踏上了旅程。

☑ 新年日志

　　我和兼具清单控、女强人、旅行家和作家等多重身份的梅拉妮·扬（Melanie Young）聊过她每年一次建立新年日志的仪式，内容是她今年想去的地方，以及想做的事情。

　　在1月1日出生的梅拉妮，自从某一年有过一次不愉快的跨年约会后，决心不让惨事重演，她立誓以后每个生日都要过得开开心心，也决定每年生日都要去旅行。梅拉妮告诉我："新年日志每一则都是一张清单。首先会看见的清单，是记载这一年发生的点滴，高潮低谷，然后另外有一张清单是今年的志向与目标（列出12～15个）。这做法，我从1988年一直持续到现在。"

　　梅拉妮的清单让她的足迹遍及曼谷、胡志明市、马丘比丘、里约、贝里斯、洪都拉斯、西班牙、法国与夏威夷——太多说不完。她把所有的新年日志在架上放得整整齐齐，她相信有朝一日，这些日志会蜕变成她的传记。

☑ 要求，相信，接受

我很喜欢《秘密》一书里的吸引力法则。我不费吹灰之力，每天搭纽约地铁都会有位子坐。如果你去过纽约，知道地铁有多拥挤，你就明白这真的是个小小的奇迹。但我并不只把这法则用来坐地铁，我还想去录《奥普拉脱口秀》！为此我告诉自己，要相信自己可以拿到票，也在脑海里想象自己端坐在观众席上。我先生觉得《秘密》那一套是胡说八道，但事实证明我对他错。

"秘密"是什么？"秘密"背后的精神是如果你把一件事情丢到宇宙之中，并且只要你相信这件事情，那么你就很可能会得其所愿，让这件事情真的实现。从我还是个小女孩，《秘密》这书还没写出来之前，我妈妈就常会对我说："把心愿丢出来，世上的事情没有不可能。"

　　这就像你一直在熟识的人面前把要找工作挂在嘴上，然后就会有人把大好机会送到你面前。当然这可能只是个天大的巧合，但我坚信把心愿丢出来是对的，会有用的。

☑ 把目标可视化

　　我没什么艺术细胞，但每年开春我都会做一个愿景板。这是我一年一度的"劳作"，我觉得非常有趣。平常爱读杂志让我有点内疚，但一堆杂志这时就很管用了，我会撕下杂志上我看了心有戚戚焉的图片跟文章，贴在板上。

☑ 愿景板是什么玩意儿

　　所谓愿景板，是一方空间让你可以暂存自己想做的事情、想去的地方，以及想要的享受。把愿景板当成一个跳板，你就更有机会可以实现目标。

　　我是用愿景板来提醒自己有哪些目标想完成，不论这目标是找套三房的公寓，还是走访威尼斯。我也会在愿景板放上偶像的照片、喜欢之事的照片（像喝茶）、其他志向的照片（像写书）。把目标可视化有不可取代的重要性，即便你只是看着照片纸上谈兵。说了这么多道理，一切还是不离那句："信之，便能成之！"

☑ 万法皆空，规则无用

　　愿景板的内容基本上包含照片、手绘，或者是热血的文字，手够巧的话，你也可以添加布料或其他材质。说起愿景板，你可以打破框架，自由发挥。照片上可以是你去过的地方，可以是你想去的地方，可以是你中意的服装，可以是你想买的东西、想要的厨房装潢，乃至于任何能让你微笑的东西。

　　你列上去的选择可以是"实物"，也可以是"象征"。我的愿景板里有香槟的照片，因为我真的喜欢喝香槟，但香槟对我来说也象征着庆祝，我希望自己可以有很多事情值得庆祝。按照这样的标准，我的愿景板上有另外一张照片是某人在写感谢卡。这并不是因为我有多喜欢写感谢卡，而是因为我希望生命中可以有很多值得感谢的事情。

　　我刻意在愿景板上留了些空白，算是当成保留区，让愿景有空间可以随着时间发展变化。只要有照片吸引我注意，或出现让我心仪的目标，我就会把它加到空白处去。我的愿景板挂在衣柜门上，这样早上换衣服就一定会看到。你可以像我一样运用双手，自制实体的愿景板，也可以在电脑上开一个叫作"愿景板"的档案，下面我为你提供一些愿景板位置的灵感。

- ☐ 框起来放书桌上
- ☐ 钉在软木塞板上
- ☐ 设成3C产品的桌面
- ☐ 夹在随身读物里（当书签用）
- ☐ 放在手机的APP里，我推荐Happy Tapper出品的"豪华版愿景板"（Vision Board Deluxe）
- ☐ 放在Pinterest网页里
- ☐ 放在Dreamitlive it网页里

我觉得把做愿景板当成一种消遣也很好，可以跟朋友，甚至跟孩子玩得很开心。孩子可以用今年想参加的活动，以及想去的地方，做出属于自己的愿景板，然后以一个旁观者的身份，你会惊讶地发现，愿景板对孩子能产生多大的动力。你甚至可以在跨年夜回顾、检讨去年的愿景板，让它成为家庭的一项传统，看看大家的达标率是高是低，然后新年第一天，再制作新的愿景板。但做新的板没那么紧迫，真有事的话也不必非得年初马上交作业，何时方便再弄都行！

　　不过不能忘记的是，徒有愿景板不够，我们必须行动起来，才能让自己一步步朝着目标前进。

✔ 感激清单

我也会有忧郁的时候，虽然我大致上是个乐观正面的人，但总有些时候会踢到铁板，遇到低潮。没有人可以百分之百对挫折免疫，再优秀再阳光的人都知道不愉快是什么样的感觉。要抵消这样的负面情绪，感激清单就是我的法宝。

感激清单记录你觉得开心的事情，包含所有让你觉得莫名感激的点点滴滴。

- ☐ 杧果正当季，好吃又便宜
- ☐ 今晚电视有喜欢的电影
- ☐ 自制舒芙蕾没有塌掉
- ☐ 最好的朋友变成邻居
- ☐ 在家试烤比萨没酿成火灾
- ☐ 在公司被老板钦点升官

□　老公心血来潮送我可爱礼物
□　我阴错阳差可去趟新西兰

重点在于把你想到就会笑出来的事情列出来。傻也好，认真也罢，写下来就是了。这样一张清单可以改变你的心境。

提醒你生命里什么才是真正重要的事情。我记得应该是奥普拉说过，人往往在生活的庸庸碌碌里投入太深，忘了该花几分钟去反思人生的意义何在。

我母亲是"塞翁失马，焉知非福"的信徒，什么事情她都会尽量往好处想，我想我的乐观就是遗传自她吧。有心理学家建议，我们应该每天列感激清单，这样更能发挥它最大的作用。"我会在夜里练习把自己觉得感激的事情一一列出来，这是我对自己的要求……研究已经证实，感激的心情可以让人感觉幸福。"说这话的是励志作家与女性成长课程网站"提升Y世代"（Elevate Gen Y）的创办人亚历克西丝·史克兰博格（Alexis Sclamberg）。

除了可以让你边想着生活中的美好，边微笑着享受它以外，这个练习就长期来说还有一些好处。心理治疗师特雷西·马克斯（Tracey Marks）说："强迫自己翻出这些平常被你当成理所当然的好事，会改变你的气质，让你变得大度，变得惜福，变得信心满满，自我价值感十足。"

人活着都想要一天比一天更快乐，是吧？何不给自己机会，试试感激清单的威力？

第三章

基本的清单列法

不论你选择的是"待办事项""购物清单"，还是"利弊对照表"，只要能提起笔来，就是个好的开始，就都可以让你的身心灵受益。列清单可以减轻压力，可以提高工作效率，可以让你有条理、有目标，一步一个脚印。

　　"所以说这就能产生一种动力，像是：'这事我要做到！'然后你会慢慢看到事情有进展。就算只是小小的一步，累积起来的动能也会相当可观，也会推着我们向前。"海迪·汉娜这么说。

　　花一点点时间列张表，是稳赚不赔的投资。我景仰的新闻学恩师凯茜·奎恩（Cathy Krein）常在改我们文稿的时候说："越简单越好，懂吗？"她说这话可谓用心良苦，而我觉得这话可以套用在生活中的所有事情上，包括列清单。

☑ 如何做出终极版的"待办事项"清单

人很容易因为清单太复杂而索性放弃，但我想说你可以列出终极版的"待办事项"清单，这并不困难，而且我可以用一张清单告诉你怎么做。

1. 写下来再说

眼不见为净，人只要没看到就很容易忘记，所以事情一想到就要赶紧写下来。先不用担心整不整齐，反正先写下来再做打算。

2. 把清单组织好

知道有哪些事情要做以后，第二步就是组织。组织的意思就是分门别类：公务、家务、小孩、放松，诸如此类，基本上生活中的每一环都应该要有专属的清单。不分好类别，你的清单就会满到你连看都不想看。

基本上我会把不同的清单放在不同的地方，比方说公务清单就放在公司的抽屉，家务清单就放在家里书房的抽屉，这样我就不会忘记每张清单在哪里，也不会搞错上面写了哪一类事情。清单各司其职，我的心思也就可以像硬盘一样分成C盘、D盘、E盘，这样我只要一拿起表来就可以马上着手处理事情，效率之高，如果你试过，一定会非常惊喜。

特雷西·马克斯博士说："分门别类让你能够掌握全局，面对该做的事情不会见树不见林，更不会因为被事情淹没而心生放弃之念。"特雷西还建议用同样的原理把一天分成许多"时区"，把你容易沉迷进去的活动区隔开来，比方说收e-mail就很需要强制限时完成，否则很容易没完没了。恪守这样的设计可以帮助你集中注意力，让你做起事情来又快又好。

3. 排优先级

清单分门别类完，各就各位之后，第三步是要扫一遍所有的项目，然后按照紧急程度或重要性来排定顺序。这么做可以确保你按部就班，重要的事情先专心做完，不会手忙脚乱。有些事情固然不那么难以完成，但毕竟重要性不高，这时候你就要忍住，别先被这些小事分散了注意力，以免影响到大局。

4. 重新写一遍

分门别类做好，也知道什么重要、什么不重要后，再来就是要把清单给重写一遍。把清单重新整理得干干净净、清爽宜人，一方面好读，一方面是方便使用，你会比较好确认，容易画掉条目。同一张清单我会重写好多次。你可以去摸索自己习惯、顺手的做法，我很讨厌混乱，所以只要清单一乱，条目东一个西一个，我就会索性另起炉灶，重新来过。

5. 每天重来一遍

为了让事情完成，清单不用怕多，需要列就列。我每天都至少会先列一张清单，然后边做边把事情写上去，今天没完成、没画掉的事情，我会再加到第二天的清单里，以此类推。

☑ 怎么把清单列得更好

　　没错，在列清单的世界里，也有好坏对错之分。光是把事情写到纸上是不够的，"待办事项"在一张纸上写得乱七八糟、又臭又长，恐怕只会让你觉得头皮发麻外加晕头转向。这样的清单就失去了意义，清单是要让你气定神闲、从容不迫才对。

　　"我发现，列清单有时候反而会让我全身'瘫痪'，裹足不前。"《练好专注力，事情再多也不烦！》（*Organize Your Mind*）的作者玛格丽特·摩尔（Margaret Moore）分享了她的经验。她建议写清单跟吃药一样，要讲求"最佳剂量"。至于什么是最佳剂量则因人而异，因为只有我们清楚自己工作时的偏好。"我们必须自己去找到这个刚刚好的剂量，来让我们觉得运筹帷幄、条理清晰，不会因为事情一多就不知所措。而要找到这个平衡点，我们只能靠自己不断地尝试错误。"摩尔女士说。列清单是一回事，真的把事情做成又是另一回事。清单写出来了，有几个办法可以让你驾驭它。

1. 检视清单

轻重缓急。这个之前提过，但因为很重要，所以要讲第二次。主要是说不定清单上尽是些不急的事情，这点你一定要先判断好，要想清楚什么事情可以等，什么事情不能等。

务实可行。这点说起来容易，做起来很难。平常你可能有自知之明，可能知道自己的能力到哪里，但一写起"待办事项"，人就比较容易自欺欺人或好高骛远。我懂，我们都想赶快把单子上所有的条目都画掉，但往往事与愿违。所以能判断什么事情该优先处理，是一种很有价值的能力，你会学习到什么叫以大局为重，不会因小失大。如果你知道整理衣橱起码要两小时，而你跟医生约了半小时后要看诊，那现在跑去把衣服丢一地就不是个好主意。

焦点具体。清单越是有重点，越是具体，你的待办事项就越清晰，越容易推行。与其写"整理车库"，不如把焦距拉近，把"整理"这个概念拆解成具体的步骤，这样你更有机会把车库改造到你理想中的程度。比方说你可以在清单上写出在"整理车库"的目标之下，你希望完成的事项大致有这些：

☐ 把圣诞节的装饰收起来

☐ 把工具收整一处

☐ 把杂物清掉来停车

多用"动词"也是一招。与其写下"杂货店",你可以写"去杂货店买千岛酱、西红柿和牛油果"。后者显然比较具体,而具体的目标有助于你一进卖场就可以直奔鲜果专区,快快结账。

2. 压缩清单

累积小胜。少即是多,清单有时候小一点好。放些难度低的工作在清单上可以提升你的士气,因为你可以很容易就画掉一些事情。我知道我先前说过我们不应该先挑软柿子吃,但凡事都有例外,有时候我们累积一些小胜利,就会增加不少信心,而这又可以强化我们的动机,让我们更有可能贯彻到底。

别挤一块儿。别把生活中各个领域要完成的事情都塞到一张单子上,那会出问题。计划不同,目标不同,清单也要不同,这样你才不会觉得事情太多或事情都混成一堆。

3. 授权清单

清单委外。一位非常有智慧的女士,"工作兔"(TaskRabbit)网站的执行长利娅·布斯克(Leah Busque)跟我分享过一个观念:这件事你可以做,不表示你就一定要自己做。曾经亲力亲为到病态的我，把这话给听进去了（好啦！我还是有轻微控制狂，但已经有进步了）。想改变你的人生，就把事情分出去（第七章"生活委外，自由全开"会进一步讨论这一点）。

学会说"不"。哇呜，不想做的工作就推掉，想想那可以为你争取到额外的精力去完成多少别的事情。相信我，简单的一个"不"字，就可以让你重获人生。想约人去喝下午茶，一句话就行，要跟朋友去看想了好久的电影，也没问题，问题是你不能让自己变得"很好约"，不能让"好啊"变成你预设的答案。记住自己的时间有多宝贵，所以即便不自愿当爱心妈妈也没有关系，不多揽个没兴趣的案子在身上也无须内疚。

除非你真的想，否则不要因为不好意思而答应别人任何事。这样你就能腾出时间来完成有意义的工作。当然，说起来容易，做起来还是真的需要一点勇气，但只要你踏出第一步，就会感受到适时说"不"的好处。

说"不"对我来说已是家常便饭，但我也是经过练习才有今天。比方说，我星期三下班后的时间基本上完全自由，主要是我老公经常星期三加班，所以我会跟姐妹淘吃晚饭、修指甲，或做其他好玩的事情，也都是安排在星期三。重点是我会把这天晚上留给自己。有时候朋友约，我就会牺牲自己原本的计划，我会想："嗯，反正我没事，就去吧！"我现在已经不这么想了，而且我觉得自己这样比较开心。我现在会比较重视自己能读点书，放松一下，想要跟上《家有吉娅达》（Giada at Home）剧集最新的进展，甚至也会比较想经营自己的博客。我会想忙自己的事情，不会因为有人约就放弃，是因为这些东西可以滋养我，这些事情让我觉得开心，我是真的想做这些事。对我来说，跟朋友相处很重要，但跟自己相处也一样重要。

　　然后是工作的问题！哇！工作上有时候不那么容易说"不"，很多时候我们说"好"都是出于无奈。遇到这种情况，我会把"待办事项"拿出来浏览，看看有没有什么事情可以"消掉"来作为补偿。比方说，我会请同事帮我一起把某样工作解决掉，或者我会看能不能把某样工作转给其他组员。适时"放下"或"推掉"或"外包"，全都可以在某个点上救你一命（详见第七章）。

　　工作上要说"不"，这里有一些不错的建议。

□　"我没办法接这工作（或参加这个活动）耶，但某某应该很适合。"（提供建议都会让人觉得舒服些，同时你也会觉得帮了忙。）

□　"你可以过（一／二／三）个星期再回来问我，那时候我的行程应该可以空出来了，到时候我会很乐意帮忙。"（不要高估自己的空档，给自己充足的时间完成手上的工作。）

□　"平常我就会直接答应了，但我现在正试着调整自己的工作量，所以不好意思，我觉得自己的工作量已经到上限了，很感谢你找我，但我没办法做。"（实话实说不像你想的那么恐怖，大家其实都是好人。）

4．设定期限

　　身为电视制作人，我绝对称得上是期限的专家。期限很好用，期限可以让你不至于囤积工作。让大脑相信你得在万圣节前把感恩节菜单想出来，你就真的会这样做到，所以我每年都是8月开始采购年底过节的用品。早点开始，我就不会事到临头像火鸡一样慌张乱跑。

　　期限对一些简单的待办事项也很有用。我常会给清单上的项目加上所需的时间。知道走到干洗店要15分钟，我就会要求自己在两点前抵达，这样我就可以按照行事历把所有的事情做完。

你知道吗

番茄法

　　有一种时间管理的办法叫作"番茄法"（Pomodoro Technique），学起来可能对你会有帮助。弗朗西斯科·西里洛（Francesco Cirillo）在20世纪80年代发展出番茄法，它之所以叫作番茄法，是源自一种番茄形状的厨房定时器。番茄法的概念是把工作看成是一个一个的番茄，每个番茄代表25分钟，然后你每完成一个"番茄"就可以休息一下。

　　我喜欢番茄法是因为比起一小时或者更久的时间，25分钟要好坚持多了。我们是不是偶尔会想"接下来一小时我来做这个",但回想一下,那一小时我们是不是根本定不下心来。胃口小一点,25分钟更容易专心,我们也比较可能把事情做好。

　　我自己的修正版番茄法,是看着时钟跟自己交涉。假设当时是中午12点36分,而我得上网查看要给妈妈买什么生日礼物。这时候我会对自己说:"我要想办法在一点前做完,然后就要再去做别的事情。"这样的话,在这24分钟里,我就只专注在这一件事情上。我知道这项工作何时会结束,而加了期限会让我更容易坚持下去。

5. 奖励自己哦!

　　这是我最喜欢的一个步骤。面对单子上的"待办事项",一点点贿赂就可以产生很大的动力。给自己一点好事期待,清单上的事情就会一直召唤你去把它们画掉。我会习惯性跟自己谈条件:"把稿子写出来,就可以逛Facebook10分钟。"这听起来好像没什么了不起,但效果非常好。试试看,你就知道自己会为了看10分钟Facebook画掉多少待办事项。

6. 提醒自己

　　我们没办法把所有该做的事情都背下来,这是人力所不可能做到的，所以放轻松，想一些提醒自己的办法。无视清单，待办事项一样也没画掉，是很容易就会发生的惨事。但只要给自己设定一些提醒，你就不会忘记清单的存在。我每天都重复好几次这样的过程，我会用微软Outlook里行事历中的会议功能寄"会议通知"给自己，提醒自己要记得去做该做的事。除了手写的清单之外，这些会自动跳出来的提醒通知，也是我能在期限内完成工作的一大功臣。

☑ 位置、位置、位置：唯一重要的事

　　你应该把清单写在哪里呢？基本上你会在哪里需要这张清单，它就应该写在哪里。清单的位置有其意义，清单在哪里也是其功能性的一环。

☑ 小等于好

对有些人来说，把清单列在黄色便利贴上便能一劳永逸。一天就只有24小时，能做的事情就是那么多，所以想当个成功人士，好好安排一下每天的行程是很有必要的。

特蕾西·麦卡宾，先前提过的收纳专家、dClutterfly博主，她会用便利贴来搭配清单"母舰"，这就是她不容易忘记事情的秘密。"我有一张所谓的'主清单'写在黄色横条的书写簿上，然后我会在主清单上贴一张便利贴，上面记载的是未来几天可以完成的事情，也就是说集中在便利贴上的就是急件。"特蕾西做了这样的说明。

3件事情要比30件事情容易完成得多，这是再简单不过的数学问题了。特蕾西的办法可以用来提升工作效率、规划社交活动，甚至控制采买预算。不相信？下面我给你5个理由，让你了解为什么要把待办事项浓缩在便利贴上。

1. 便利贴的空间有限（只有几厘米见方），这可以强迫你面对事情的轻重缓急。一定要是最急切的工作才能登上你的清单，否则你就会发现黄色空间像精华区房产的室内空间一样，根本不够用！

2. 便利贴上的事都完成后，你这天就可以收工了！剩下的，都是你的自由时间，不用怕，想做什么就做什么！

3. 人生没有剧本，万一有想做的事情突然发生，比方说，想约的人突然自动送上门来，你就会很开心自己单子很小张，上面只剩下"整理抽屉里的袜子"和"登录清单制作人网站会员"这两件完全可以晚点再做的事情。

4. 便利贴有点黏又不会太黏是它的特点。依据一天当中行程的不同，我曾经把便利粘贴在笔记本电脑的角上、手机的背盖上，甚至是浴室的镜子上。有时候只是把单子贴在一定会看到的地方，就可以提升你面对各项事情的执行率。

5. 便利贴一旦写满，你这天就不可能再加新东西了。有时我觉得怎么单子上的事情都做不完，检讨后才发现我会一直不停地加东西上去。

关于便利贴，六件你可能不知道的事

便利贴是生活中无所不在的彩色方块，也像一面面透光的小旗子。不论在何处看到便利贴，都不值得你惊讶到吹胡子瞪眼。太多人用便利贴来避免忘记事情，来记录待办事项，或者用它来使自己处事有条不紊。任何时间我都会有便利贴粘在办公桌上、活页纸上、档案夹上、杂志页面上，甚至是我的电话上。虽然说跟便利贴朝夕相处，但你有没有停下来想过便利贴是怎么出现的？下面的六件事可以让你稍微了解便利贴的身世。

1. 这个不起眼的记事用品诞生于1968年，而且基本上这是一场意外——没错，《阿珠与阿花》（*Romy and Michele's High School Reunion*）电影里的蜜拉·索维诺跟莉萨·库卓并没有"发明"便利贴哦！

2. 1968年，3M公司的科学家史宾赛·席尔瓦（Spencer Silver）正在研发超级胶水，却无意间调出可重复使用的粘胶。

3. 3M产品开发人员阿瑟·弗莱（Arthur Fry）把这种意外调出来的粘胶用在教堂歌谱的书签上，后来在公司的支持下把这种概念进一步商品化。

4. 经典的金丝雀黄也是意外，用来测试多次性粘胶的废纸刚好是这个颜色。

5. 便利贴正式在商店铺货，是在1980年。

6. 便利贴颜色愈来愈多样，但经典的金丝雀黄仍称霸畅销榜。

☑ 要不就别玩，要玩就玩大点

笔记本是我列清单时默认的首选，我喜欢网格线，也喜欢那可以让我尽情书写的空间。我针对生活中不同的事务准备了一堆大个头的笔记本，比方说，我特别为撰写这本书准备了一本专用笔记本，那是一本紫皮的笔记本，里面全都是我为了写这本书去访问人时的问题、章节的大纲，乃至于撰写工作的各种期限。工作上我有一本上翻的螺旋活页本，主要因为我是左撇子，所以一般螺旋在左边的笔记本会让我觉得不方便。

我对便利贴的热爱绝不会输给任何一个整理狂，但平心而论，便利贴并不适合人在上面释放大量的信息。虽然便利贴灵巧机动而且具有黏性，但它有个缺点就是会掉（我会在第八章谈清单老是搞丢有何对策，到时我会向所有数字化的设备示爱）。对于数字化的笔记工具我也非常喜爱，但手写的清单有其独特之处而不可取代。或许我没办法具体解释清楚，但我觉得手写的清单更有人味，跟人的关系更近。

"同样的事情记在实体的纸上跟记在机器上，绝对不一样。纸你可以想拿起来就拿起来，要看便看，想写即写，但机器你得开机、登录、点开应用程序，这些程序说多不多，说少不少，但肯定比不上可以'拿来，我看看'的白纸黑字。纸可以拿，可以摸，可以转，可以随手收到抽屉里。"特雷西·马克斯说得一针见血。

我的字一年比一年丑，毕竟我现在打字跟输入手机的场合远多过我写字的机会。但我会要求自己用铅笔手写工作上每天的"待办事项"。玛莎·史都华的《生活》杂志在2013年8月号里登了一篇文章叫作《手写濒临绝种了吗？》，执笔的作家乔安妮·陈（Joanne Chen）在文中引用了印第安纳大学的一项研究成果。

在这项研究里，专家以磁共振检测测试了两组学龄前儿童。其中一组小朋友用打字的方式来背诵字母和符号，另外一组则用手写来帮助记忆。结果打字组的小朋友分不清字母和形状之间的差异，而手写组的可以。这显示，比起打字输入，手写更有助于人脑学习和记忆。

我觉得密码就是最好的例子。我一天到晚忘记密码，这很烦，主要因为我都是不经思考地输入这些代号和密码，所以下次要用还是一样大海捞针。要是能用笔写过一遍，我肯定能把这些ABCD加1234记得更牢。

第四章

工作清单：让你
工作不怕没进展

我经营"清单制作人"网站许久，一直以来最大的发现就是，对各行各业的执行长、专业经理人，或某某总监等这类"成功人士"来说，清单是他们每天不可或缺的配备。不论你做的是哪一行，清单都可以让你的表现更加傲人。

☑ 一日之计在"清单"

成为清单控之后，最要铭记于心、不断调整精进的一件事情，就是要去找到适合自己的运作模式。我写在书里的方法，不一定全都适合你，你必须为自己制订一套清单的使用方式。

对我来说，清单就是我一天行程的"调派中心"，里头登载了各项任务、重点、提示等数据，东西很多，但都经过分门别类，所以我不会因为乱而看得很累。至于到底怎么运作，别担心，我稍后会说明。

我最近收到一位"清单制作人"读者乔的来信，他说："我喜欢列清单，也觉得这样做对自己的帮助很大，但有一样我觉得不太顺，就是格式，我希望自己的清单可以看起来有模有样、清楚整洁，而不是毫无章法地想到哪儿写到哪儿。您是怎么处理清单格式的呢？"

问得好！每晚我在离开办公桌之前，都一定会把工作清单写好，不论多晚，也不论我等下有没有约会，我都不会跳过这个步骤。有时候如果刚好灵感来了或想到事情，我也会利用白天做这件事，但总之我一定会把明天的行程表写好，这样我才可以早上一进公司就火力全开。清单在我面前就像导航的地图，清楚地告诉我这天从哪里出发，要到哪里去。有清单的话，我一早起来压力就会比较小，需要忙什么也可以马上开动。

我会把隔天必须"发生"的大大小小的事情都列到笔记本的工作表上，每一天都是崭新的一页。我列工作表的流程像这样。

1. 最上面先写上日期

这样你之后要找数据会比较容易。

2. 隔天的事情事无巨细地写出

就算是每天的例行公事也别省略，相信我，就是想不到的事情才叫意外，而意外可能打乱你每天都做的事情，这时候提醒就派上用场了，就算有些事情你真的绝对有信心不会忘记，也还是写上去，没有关系，因为多一条可以画掉的项目，绝对令人开心。

3. 按照需要完成的时间来排定轻重缓急跟优先级

我习惯按事情需要启动时的时间来排定顺序，比方说早上有场电话会议，我会在这条目左边标上时间"11:00"。这样一来，我其他时间就不会为了这件事情分心。

清单这样就完成了，好极了！这样都一切就绪了吗？嗯，还没有。我保证还会有你没记到的事情冒出来。所以说清单要保持弹性，视情况增列项目，我自己的做法是：

1. 视情况、视需要增列工作条目

有时候我已经下班了，才忽然想起少列了一样工作，这时候我会立刻用手机的日历设定通知，让它隔天跳出来提醒我要把这项工作加上去。设定信息跳出来的时间记得要算好，不要开会开到一半或在忙的时候手机突然响起，这样容易出问题了。另外，在一天当中，总会有你没预料到的工作继续出现，你的应对之道还是不变，仍然来一样加一样。但当天跳出来的事情，你得想一下要安插到行程的哪个时段。要是没有适合之处，那就再看看可否挪到明天，或者请人代劳（第七章会谈到工作委外）。

2. 提醒自己身在清单上的何处

我会在笔记本左下角留一块空间来做"进度记录"。事情做到一半被迫中断，我会在这块空间里很快记下自己做到哪儿，就像打高尔夫球在果岭上放球标一样，这样我只要事情一排开，就又可以从刚才的地方立刻接上。这办法听起来没什么了不起，却好几次救我一命。

3. 私人的事情另辟一栏

我会用一条直线把手札的页面一分为二，下边是公务，上边是私事。百分之百的公私分明极其困难，一天当中我们一定会有日用品得买，有水电费、卡费要缴，有公婆电话要回，所以即使是上班的时候我们也得掌握私事。总之像是要去提款机提领生活费，或是要去干洗店这种事情，我就会写在笔记本的上边。

4. 留些空间给临时的杂项或记事

我会尽量把事情都写下来以免忘记：谁来电、不想错过的电视节目、要买的当期杂志、要跟姐妹分享的八卦等，都在我的笔记之列。为了记这些东西，我把笔记本右上角空出来供一日所需，这样我就不会想回电时找不到号码，或想买鞋时想不起尺码。

待办事项清单图解

私事

记事区：电话号码、姓名等杂项

下班后提醒事项：18：00 喝一杯（汤姆）

日期

公事

11：00 电话会议（杰西卡）

暂存区：进度记录

我也用便利贴，但我现在要说的不是用便利贴来提醒自己，而是当我是团队合作中的一员时，我会用便利贴来指示组员。比方说，我有一项工作要交办下去，那我就会在便利贴上写下"星期一要用的"或"请阅读并修润一下"。便利贴就像我的"锦囊"，收件者打开看就知道要做什么。当然特定的工作如果可以几句话交代，我也会用便利贴来提示自己。

我很确定的是，我列公事清单的方法或许不是所有人都适用，但你可以以此为起点先试试看。前面提到TaskRabbit（工作兔）的宗旨是要帮助你提高工作效率，他们的执行长利娅·布斯克就有一个跟我不一样的系统，她会在早上列清单。"我进公司的第一件事就是坐下来列一整天要完成的事情。我自己另外设计了一张检查表是开高层工作会议专用的，以免会议开了半天漏掉重要的事情。"这段话出自她在替我写的博客客座文章里。

生产力小提醒

Paperback便利贴

如果下班后我有两三件事情不能忘记，我会在便利贴上写好，然后贴在手机上。有脑筋动得快的业者替iPhone开发了量身定做的便利贴，很好用。Paperback就是其中一家，他们的产品让便利贴变成"行动"便利贴，有兴趣的人可以去这个网站看看：http://bit.ly/1qyWCHt。

☑ 开会的规划

利娅提到了一个重点：会议应该怎样安排才会有条理？简单，这当然是要靠清单！我有几位实习生的工作是帮我管理博客，也有为写这本书而找的实习生，而我即便是跟他们像在聊天般交代事情，也都一定会准备好清单在手，因为这也是会议的一种。多花几分钟想好自己要跟他们沟通什么，列成清单，你讲起话来一定更能突出重点。老实说你开过多少没重点的会，是不是最后都一事无成？至少我自己有很多这样的痛苦经历。想到这些会议真的会让我发疯，因为这样的状况完全可以避免。

如果可以，我会希望自己的老板是乔·杜兰（Joe Duran），他是财务顾问巨擘联合资本公司（United Capital）的联合创办人。我认为乔提供了非常优质的工作环境，因为他绝不会开会不带检查表。同样，如果你没有检查表就跑去找他讨论事情，他也会把你打回。我很欣赏他这样！"（检查表让我）开会时间减半，而且我敢说成效至少加倍。这一来一回效率就增加为原本的四倍。"乔做了这样的计算。

必须分清楚：检查表是检查表，议程是议程。两样东西都是工具，但它们是不同的工具。先说检查表，检查表上的东西基本不变。对乔的员工来说，他们的检查表上会包含"追踪上周会议结论""检讨客户经营策略""确认规划中之活动"等。不论这周的会议需不需要讨论，这些项目都永远会是检查表上的班底。

乔还说："没有检查表，就很难要求工作上的一贯性。检查表就是要确保每一次的工作流程都一模一样。"乔让检查表深入企业文化，大概是2010年，他读完《检查表：不犯错的秘密武器》（The Checklist Manifesto）之后的事情。

深受启发的他让全体员工都读读这本书。乔说员工对使用检查表一开始确实有点抗拒，但如今大家已经能够真心拥抱这套流程，也会对他们各自的下属实施检查表制度。"会议简洁明快，节奏紧凑，每个人都有备而来。而且老实说，准备检查表的过程也是塑造企业干部纪律的妙招。"乔说。

☑ 清单也有两人座

与人合作本身也是一种挑战，但有一些工具可以帮忙。运用这些工具，你可以确保团队成员个个都权责相符、工作专注、稳定有进度。任务导向的会议与进度检查可以协助我们在规定时间内完成工作。当然，清单能做到的，其实远不止于此。这里我简单说明一下。

1. 明确分工

哪个人负责哪样工作，必然得非常明确，而且要从整个案子一开始就确认，否则必然天下大乱。一个萝卜一个坑，这样任何褒贬都会适得其所，就算要杀要剐，都不会搞错对象。

2. 善用科技

时下有不少电脑程序可以协助我们遂行团队合作，值得一试。

Evernote

Evernote对需要把笔记、点子与清单集中起来管理的人来说，是个好工具，甚至是一大福音。Evernote有手机版及电脑版，数据在云端，因此可以随时更新上传。

我是Evernote迷。我跟博客的实习生在Evernote上有共享档案夹，档案大家都有权限打开。谁想到有什么点子可以发文，看到外面流传着有什么有趣的文章，我们也会把数据或链接加入Evernote里。我们会互相补足"待办事项"清单，也可以很容易看到还有什么工作需要完成。

每周的例会之前我会用Evernote制作议程，群组成员的权限除了观看，还可以视情况修改。这样的好处是事情可以滴水不漏，同时我们也可以回去看上周的议程，看看有没有需要补充的地方，这点也很不错。

Evernote也很适合群体写作。有时候我会想到某件事情可以发文，比方说看到某部电影里有用到清单的桥段，我会在Evernote里留下这项记事，说明是哪部电影，以及我的构想，然后顺便请实习生军团去研究一下，把资料补足。在Evernote上共享信息时有个技巧，可以用不同的字体颜色去代表不同的群组成员，这样谁修改了哪项数据、谁给了什么建议，就都可以一目了然。

Evernote可免费下载，但你也可以付费使用专业版。我于公于私都用Evernote（私事怎么用留待下一章说明），所以对我来说Evernote也是赚钱的工具，付点钱划得来。

Google Docs

我跟Google Docs算是相见恨晚，但是一拍即合。通过Google Docs，你可以跟人分享电子表格或其他类型的档案，追踪功能会显示谁做了什么变更，你想留言或更新也都相当容易上手。我觉得编辑文件或脑力激荡尤其是Google Docs的强项。

Asana

现存能帮助团队进行项目协同管理的服务有好几种，Asana是其中一种。我在博客上介绍过科技达人卡莉·纳布拉克（Carley Knobloch），而她的回馈就是介绍我认识Asana。她会把"待办事项"清单上传到Asana，然后视需求分派工作。

就像是项目管理的仪表板，Asana的概念是你指派任务让组员各司其职，同时让高效率的横向联系变得可能。一项工作完成了，负责人就会登录Asana打钩，这样全组的人都会知道这事搞定了。每项工作都可以设定期限与提醒功能，这样项目经理就可以确保组员各司其职，而且全案进度无虞，但又不至流于"管很细"而烦死别人外加累死自己。

另外，Asana可以让组员互传信息讨论特定的工作，而且具有自动存盘的特性，确保群组成员可以看到讨论过程中的来龙去脉，这比用电子邮件寄来寄去有效率，日后要检索讨论的过程或结论也容易许多。你还可以针对特定的工作上传档案或设定大型工作之下的子任务。

子任务是检查表里很重要的一环。不论你是要替新加入的客户还是替员工设定数据，里头都一定有一整套固定的流程。你可以把流程里各步骤分拆成子任务，并且交给不同的人去负责，这样客户或员工就可以尽快上线。

每次收新的实习生，我都会跑同样的一组流程

☐ 设定电子邮件信箱

☐ 说明工作内容与责任

☐ 申请Evernote账号

☐ 其他事项

我可以把这些例行公事输入Asana，然后视状况指派其他人去做。所有的事情都记载在一个地方，很好找，完成到哪里我随时可以看到。

你可以把各种信息集中于一处，包括特定客户的密码、用户名称与文件传输协议（FTP）位置，都可以如法炮制来管理而不会忘记。

类似的管理系统还有Basecamp（基地营）和5pm（午后5

时），但Asana我最常用。

3. 善用"低"科技的解决方案

在我待过的第一个新闻部里，用了一面大白板来掌握新闻动态。采访主任会把已经派出去跑新闻的记者名字列上去，另外跟去的摄影记者是谁、地点在哪儿、何时截稿等信息也都会一并标明。这面白板一样可以让人一目了然，你可以拿来用在当天或有延续性的专案上。

手写待办事项清单也很好用。我曾经跟营销大师公关公司（Marketing Maven Public Relations）的执行长兼董事长琳赛·卡聂特（Lindsey Carnett）聊过，她说她手下每个员工都有各自的待办事项清单："我会写好自己的主控清单（master list），然后让团队成员各自把他们的清单加进来，这样有利于干部再去管理他们各自的小组，事情的先后顺序可以分得很清晰，丢三落四的概率可以降到最低。"

你知道吗

蔡加尼效应

"蔡加尼克效应"（The Zeigarnick Effect）的定义：未完

成的工作容易记得，已完成的工作容易忘记。这个效应以俄国新理学家蔡加尼克（Zeigarnick）的名字命名。蔡加尼首先提出这项理论，她认为，一旦开始的事情我们就会不由自主地想去完成，这是人性的一环。

☑ 善用清单，管理项目

"待办事项"上添了工作，接下来就是要促成行动朝目标迈进，为此我建议另列一清单（我知道爱树的环保人士会抗议……我真的知道此话一出，多少树又会因我而死，但别担心，我们还有"数字化"的选项，但细节容我等到第八章再讲）。

要写一本书，对应的待办事项会是一张"大单"（相信我，我现在很清楚这点）。我们可以想办法把大单分拆成步骤，一个步骤就是大目标底下的一个小任务。

☐ 脑力激荡思索写书的点子

☐ 到处问人对这点子的感想

☐ 根据问到的信息来调整构想

☐ 学会写书的策划案

☐ 写出书的策划案

☐ 找位出版经纪人

☐ 找到愿意合作的出版社

☐ 把书写出来

　　就算是到了最后一步，你还是有可能需要做一些次级的待办清单。写书的时候你会规划自己什么时候写书，要如何把写书的时间挤出来。懂吗？有些待办事项并不简单，你必须经过深思熟虑才能想到方法把它们画掉，但这往往也就是最终目标的成败关键。我听很多人说："清单上的东西都画不掉！"而原因或许就是他们光是设了目标也做了清单，却没有积极的作为：化清单为行动。若能照我说的方法如实出击，不要只是纸上谈兵，我确信你的战果一定能让你开心。

你知道吗

雅虎执行长玛丽萨·迈耶（Marissa Mayer）也是清单控

　　玛丽萨·迈耶在接受Mashable.com访问的时候说，她会用待办事项清单来规划工作的轻重缓急。她会按照事情的重要与紧急程度来排定处理顺序，这是她从大学时代的一位好友身上偷学到的东西。这位朋友厉害的地方在于清单上的事情做不完，她并不会因此而心烦意乱，反倒觉得这是一件好事。

"要是真的把事情都做完了，我反而会有点闷。"迈耶在Mashable.com的受访文章里这样说，"因为想想通常落在清单后段的那些项目，可能都不是什么值得占用你时间的事情。"她解释了自己宁可不要花时间在不重要的事情上面。

为什么
精英都是
清单控

第五章

居家清单：让你
家庭幸福又美满

家庭生活要取得平衡，必须日起有功。在带小孩去看医生、厨房重新整修、买基金、存退休金、把衣服送干洗之余，你还得腾出时间来做晚餐，你可以想象这样的日子会有多紧绷。要让生活从很紧绷变成很美满，也许我们需要的只是一张清单。

　　首先我们来谈谈一天的行程怎么安排。对很多人来说，所有家里的事情都得积到周末才能处理，毕竟我们大多数人平常都要上班，所以怎么把周末运用到极致是必修课。你必须有计划，否则一天很快就过去了，清单早上满满的，晚上还是满满的，什么也没画掉，这是非常可能发生的事情。下面我会说明自己的居家待办事项的管理方式。跟上班比起来，列家用清单时我并没有那么严格。我还是会有一本集大成的笔记本当作"母舰／总表"来统整其他个别的清单，通常是记者用的薄薄的、瘦瘦的、有网格线的那种笔记本，而这艘母舰的"基地"就是我的书桌。我会把明天、这周内、这个月内要完成的事情，都汇集在这个本子里。

　　然后如果需要的话，我会每天准备一张日用的清单。通常我会利用假日来做这件事，尽可能把总表上的东西分派到不同的日子里。我会看总表上有什么事情是当天必须完成的，如果说衣服已经在干洗店放一礼拜了，那拿衣服回来的紧急程度就会比较高。我会按照事情的完成期限来排任务，需要尽快搞定的事情列在前面，没那么紧急的事情就放在后面。这样我今天完成不了的事情就变成明天行事的"头条"。

排先后顺序的一大重点在于务实，有多少时间排多少事情。评估工作需要的时间尽量切实一点、宽松一点。你知道的，很多人一天到晚说"我5分钟到"，结果一等就是20分钟，认真的是傻子，是吧？时间管理实际一点、抓松一点，这样你反而能多完成事情。

知道何时踩刹车也很重要，不是所有的事情都能挤在一天内完成。健康与绩效顾问海迪·汉娜跟我分享过，她如何因为体会到"今天做不完也无妨"而改变了人生。"我有一张清单的主题是'这样就够了'，一早用这张清单出发，我会知道中午前把上面的事情完成，然后我就可以放松，可以跑跑杂务，或者兴之所至想做什么都可以，而这都是因为我知道今天这样'够了'。"海迪是这么跟我说的。

☑ 联合作战：分享清单

　　要是你得跟其他人合作完成事情的话，那又当如何呢？很简单，那就分享清单。如果懒一点，你可以把待办事项的单子撕一半给合作伙伴，让他（她）有事情可忙。要是勤劳一点，当然可以把清单分享弄得很花哨。

　　前面已经介绍过用Asana来管理工作（复习请到95页），但生活上Asana也派得上用场。首先第一点就是Asana可以让你在家里的"队友"，包括一家老小，都随时能掌握家里最新的动态，这样大家就可以一起为家务努力。不论是要去小区的药房拿药，或是看小儿科要问医生什么事情，联合作战都可以成功执行。跟Asana一样，可以帮助你跟别人合作完成事情的软件还有很多，我们等第八章再来讨论。

☑ 去卖场补货

我不知道你是不是这样，但我每次要买的东西都差不多。每个星期都需要的东西有鲜奶、英式松饼、草莓、蓝莓、蔓越莓、苹果、香蕉、火腿冷盘、面包，等等。这些东西是我购物清单上的固定成员。既然如此，那我何必写啊？嗯，我照写是因为这样我就不用花脑筋去记住了，这是一种"防呆"措施。反正没有清单就上卖场，肯定会让你浪费更多时间与金钱。

你们一定都这样做过！经过走道旁漂亮的牛油果，就顺手放两个到推车里。也不是真的需要，就是觉得看起来不错，但拿回家也是在厨房放到烂。是不是很浪费？有清单的好处就是可以避免受诱惑，你待在卖场里的时间会缩短很多，毕竟你已经锁定好补货的目标；你可以像特种部队潜入敌后救人一样快进快出。

以下是几个让购物清单效果更好的秘诀。

1. 周一更新到周五

新的一周开始，老公和我就会慢慢把东西往清单里加，一样东西用完就写一样，想起需要什么就记一下。随手记的好处是你就不会忘记。

2. 清单固定放一处

我固定把购物清单放在厨房的一个抽屉里，这样我需要更新时就一定找得到。虽然这样有时候确实会让我忘记清单的存在，或者是想写的时候清单不在手边，这些缺点确实存在，但这问题我已经解决了，不过一样到第八章讨论数字化的时候再跟大家分享。

还有一点是用自己喜欢的纸张，我用清单的意愿也会提高。如果你跟我一样是轻微的"文具控"，那你也可以试着用好一点的纸来增强自己的动力。

3. 规划好菜单，再去购物

在我们出发走到住家附近的杂货店之前（住纽约走路很正常），老公和我会先商量好这礼拜在家开伙的菜单，然后我们去店里就只买需要的食材，这样的好处是，我们不会一条道经过好多次还没买完，也不会买两人都不吃的东西，浪费钱又糟蹋食物。另外一个好处是夫妻俩平常下班都很累了，不知道要吃什么也是一种压力源，周末先想好菜单可以大大改善平日晚上的生活质量。

计划好吃什么不会让你头皮发麻，一个头两个大。下面是一些我知道的方法。

☐ 把家人喜欢的餐点列成清单，放在随手可以拿到的地方，需要的时候可以拿出来参考！

☐ 养成收集食谱的习惯，放在固定的位置。有轻松做好菜专栏的杂志可以收集起来，也可以把网页上的食谱打印出来后整理成册。数字化的食谱档案也一样要放在好存取的地方，才不会在要用的时候却找不到（我是用Evernote来留存食谱，细节留待第八章讨论）。

☐ 善用网络上的饮食计划服务。是的，你没听错，真的有这种服务！Emeals.com或TheFresh20.com等网站都提供代客设计菜单与购物清单的付费服务。有这种服务？乍听之下可能有点荒唐，但想想这可以帮你省下的时间、精力与压力，这钱花得就很值得了。你可以自己做的事情很多，但这不代表你真的所有事情都要自己做（这点在第七章"生活委外，自由全开"中会再深谈）。

4. 日常杂货可用网购

FreshDirect.com是我的救星。你可以像穿梭卖场的走道一样去他们的网站逛逛，边逛边点选食材。他们甚至有熟食供应，也有食谱组，可以让你直接买到所有需要的材料，非常取巧省事，让你不用在卖场跑上跑下，而可以把腾出来的精力拿去做更有用的事情。

针对爱吃的菜肴，我也会有"常备食材"的清单，比如我常做火鸡肉汉堡，因此我在FreshDirect.com的账户上，就存有一份预列好的火鸡肉汉堡食材清单，每当我想要做这道食物，无须重新列清单，只要一个按键，所有食材就全都进入购物车。

FreshDirect.com收运费，但你多个月使用可以打折。FreshDirect.com目前只服务纽约市，但我相信你可以在网络上搜寻到自己所在地的类似服务，包括我同样推荐的Peapod.com、WeGoShop.com与NetGrocer.com。

✅ 我是小资还是巨富？不再是一笔烂账

啊啊啊！我最讨厌数学了。不过讨厌归讨厌，数字真的很重要。重点是：理财知识有助于你花对钱、存对钱，进而累积财富。如果你因为觉得管钱很烦就不管，那最后倒霉的还是你自己。不信的话你可以去问理财专家苏丝·奥曼（Suze Orman），她会告诉你"知识就是力量"。

记得第四章介绍过的乔·杜兰吗？联合资本公司的那位合伙人。没印象？就是开会必备检查表的那位！想起来了吧。他其实另外一个身份是作家，著有《纽约时报》畅销书《金钱密码：立即全面提升你的财务健康》（*The Money Code: Improve Your Entire Financial Life Right Now*）。

这本书的宗旨是希望读者可以学会理财，正确理财，但你不用担心杜兰先生会说教，因为这本书里是一个一个的警世故事，很好读，就连像我这样对数字有障碍的人都可以把内容吸收进去。而且书中还附了一张检查表！乔说个人理财最需切记的一件事，就是不能感情用事。不过说起来容易，对吧？所幸这时我们有检查表可以帮忙。

"（你的目标是）在面对挑战或问题的时候，可以用冷静、理性，而且不会紧张的方式去处理，重点是要避免问题由小变大到不可收拾。"乔说。

乔和他的夫人会在星期六早上开一场夫妻间的检讨大会，他们称之为"周六早上检查会"。夫人会把所有要讨论的重要事项汇整成检查表，这可能包括两人社交活动的行程、大笔收支规划、儿女的教育，乃至于其他他们答应了的事情。这对贤伉俪用这个办法强迫自己每周自我检视一次。乔说这样他们平常就不会为了小事吵架，他们都知道，不管是什么大不了的事，都可以留待周末去解决。

☑ 养成管钱的习惯

我在生活中很注重让自己减轻压力，而钱够不够常常是一大压力源。就因为钱不够会有压力，很多人会选择视而不见，但这样做是大错特错。"你无视理财，当理财的需求不存在，压力只会不断累积膨胀。身为成年人的你应该为自己负起责任，让自己有一套理财的规划。"说这话的是埃玛·约翰逊（Emma Johnson），她除了是企业与个人理财作家，也同时主持博客 wealthysinglemommy.com。

在线理财。很多人没用过网络银行，我建议大家以开放的态度试试。

在线理财使你不用跑遍银行，一样可以实时掌握自己各个账户的财务状况，可以上网确认支票兑现了没有，是非常方便的事情。另外，网络银行也可以帮助我们有系统地应付账单，我一收到账单就会登录网银去排定缴款时程，所以迟缴对我来说是不可能的。

埃玛·约翰逊建议善用自动扣款付费。例行的固定支出如房租、房贷、水电燃气电话费、网络费、车贷等的费用，都很适合用这种办法搞定。

她说，这样做的好处就是每个月都要做的事情可以一劳永逸，省去烦心。

理债。如果还有债务，你正确的做法是建文件追踪还款的进度，当只鸵鸟并不会让债务神奇地消失不见，与其被债追着跑，还不如摆好阵势面对它。

发票。留着发票或收据可以让你的费用更好管理，报税的时候也会轻松许多。这类东西最好集中一处存放，电话边或档案夹里都行，重点是需要时能找到。

埃玛·约翰逊对收据的管理算是老派。她使用实体的分类活页夹，所有家里跟公司的费用单据都往里头搁。喜欢虚拟活页夹的可以去下载相关的APP或登录相关的网页，这功能在网络世界里并不难找。

预算。好好坐下来把各种支出列在纸上的一个好处，是你可以试着把钱挪来挪去，或者看看哪里可以省一点，比方说，也许你不需要订那么多杂志或报纸，这样也许某笔钱就可以挤出来了。

☑️ 犒赏自己清单

在编预算的时候，埃玛建议我们可以建立一个"犒赏自己"的清单。我觉得在清单上写下"你可以努力的目标"是一个很棒的概念。不论是需要的，还是不需要的但你真的很想要的东西，都可以写进去，重点是要够实际。

"跟自己约定，犒赏自己一下是生活中很棒的调剂，但前提是你必须真的需要（这东西），会去穿（这衣服），会去涂（这粉饼），如果你不用那就不必约定了。"埃玛说。我跟埃玛说，我的犒赏自己清单上有一样是"花钱雇会计师报税"，结果英"雌"所见略同，她的清单上也有这项！"想到一直拖着不报税的压力和焦虑，还有动手报税时影响的脑力和情绪，就觉得这投资实在是太划得来了！"埃玛这话说到我心坎里了。

☑ 纳税变轻松

每年到了缴税季节，大家都会很忧郁，但如果我们一整年下来都可以把数据整理好，那至少我们到时可以公事公办外加速战速决，不会感觉到不必要的压力。我自己是会把报税需要的表格列出清单管理。

□ W2表格（薪资所得用，一项工作一张）

□ 1099表格（杂项所得用，一笔一张）

□ 扣缴凭单明细（工作上的费用与慈善捐款）

□ 其他税务证明单据

平常要养成注意收集上述报税资料与单据的习惯，这样报税季节到时，才不会手忙脚乱。我平常都很积极地收集这些东西，时间到了我就直接把整个活页夹丢给会计师，这对我来说是完美的先苦后甜。

☑ 用清单让自己变健康

　　清单不只是精神科诊疗的好用工具，生理上的健康我们也可以通过清单来维系。还是菜鸟博主时，我曾经写过一篇文章谈医生在手术室里如何应用检查表，结果我们家的一位好友凯特给了非常好的回馈。凯特是正职老师，本身是三个小孩的妈妈。她提到清单救过她一命。

　　没错，你没听错。凯特曾经把某件事情写下来提醒自己，结果是自己可能因此逃过了死神的捉拿。很神奇是吗？她说自己一天到晚为了孩子、学生和自己奔波，很多事情都会忘记，还好那天她手写的"待办事项"让她多想了一下，于是她停下脚步，拨了电话跟医院约了年度体检。

　　"结果我发现自己有罹癌的前兆，经医生诊断并施以预防性的治疗后，我发展出中后期乳癌的概率大减。不过是一张小小的清单提醒了我要去约门诊、看医生，没想到竟救了我一命，当然我也有可能不会得乳癌，但我并不想冒这个险。"凯特说。

前面提过的抗癌斗士作家梅拉妮写过一本《放下胸口的大石头：抗癌成功者分享如何面对乳癌一样活得勇敢，活得精彩》（*Getting Things Off My Chest: A Survivor's Guide to Staying Fearless and Fabulous in the Face of Breast Cancer*），而她会踏上旅程，是从一位朋友送的笔记本开始的。还记得她吗？她就是那个把这一年来的"丰功伟业"和生日想去哪里跨年都用笔记下来的女生。

"（我朋友）说，这本笔记真的要好好留着，把它当作可行的清单用。她给了我很多问题可以问医生，而我就拿着她送我的问题，还有一些有的没有的清单到处去外科找医生，请教医生，看乳癌要怎么办，我遇到每个医生都打破砂锅问到底。这对我来说是一个起点，从此我养成了列清单的习惯。"她如此交代了自己变成清单控的来龙去脉。

后来清单列上瘾了，于是梅拉妮决定写本书来鼓励乳癌的新病友。身边的朋友如果被诊断出有状况，都会向她索取清单。梅拉妮很用功而且有条理，这样的她所做出来的清单对病友来说，真是一大帮助。

不论去看哪一位医生，清单都可以让你跟专业医护人员的互动有重点，不论你想知道任何病情都可以获得满意的答复。我也曾经走出诊疗室才大叹："啊，我不是要问医生那件事吗？"而成为清单控的好处就是，你知道要把自己担心的事情写下来，才胸有成竹地去赴医生之约。

　　不论是例行的体检还是身体真的有状况，清单的好处都不会打折。"我觉得不论对我自己或对我的朋友，清单都发挥了很大的作用，毕竟我们都有过同样忐忑的心路历程。"梅拉妮说，"清单带着，病友们就有东西可以参照，就不会因为紧张而手足无措。"一年的开始，我会把所有要约的医生跟门诊时间都列成明细，按月份分，然后我会在行事历上提醒自己，这样再忘记实在说不过去。体检可以救人一命，清单可以让你不忘记去。

☑ 健康食物一览表

计划菜单的好处我已经说过，但我没说的是这还能让你变得更健康。

习惯在家开伙，好处是你吃的量会变少，摄取的热量会比较低，更不用说省钱。举手之劳做清单的好处还真不少。

营养专家经常推荐人用"饮食日记"来培养健康的饮食习惯。《赶时间也要吃对》（*Eat Right When Time is Tight*）的营养师作者帕特里夏·班南（Patricia Bannan）写道："研究显示，光是把你用餐的内容与时间记录下来，对减重就有很大的帮助。同时知道自己都在什么时候吃了什么东西，也可以让我们在吃饭的时候做出正确的决定。"大学时代我的一位室友会记录自己吃了什么零食，当时我觉得她疯了。但现在回想起来笨的好像是我。花几分钟把自己吃下去的零食记下来，也是计划生活的一部分，因为下次你嘴馋的时候就不用想破头有什么相对健康的零食可以吃，你只要把记录拿出来看就好了。没记录的结果就是你随意吃下一包包渗油又过咸的薯片，或随手抓起过甜又有反式脂肪酸的饼干往嘴里送，超级不健康。

海迪·汉娜会比较个案的营养摄取、能量来源与工作表现并给予建议，也会请上门咨询的客户记录吃下的零食。"选择太多，信息超载，往往会导致我们的分析能力失灵，结果是我们会放弃思考，失去行动力。"她说得对。

☑ **信息超载**

现代人信息超载的情形很普遍，基本上我们的选择太多，生活里任何一件事情都有一堆信息等着我们分析。对此海迪建议每工作50分钟休息10分钟，但这10分钟要做什么呢？一样，你可以把所有的选项都列出来，这样时间一到，把清单拿出来点菜就好，对此我推荐的餐点如下：

□ 查Facebook

□ 去散步

□ 上YouTube看看可爱动物影片

□ 做体操、伸懒腰

□ 打电话给爸妈

□ 翻杂志

事先把这些能做的事想好备用，很能解压。

你知道吗

少决定就少压力——总统也怕决定穿什么

　　美国总统奥巴马曾经在接受《浮华世界》杂志访问时透露过一个小秘密，那就是他穿西装只穿灰色或蓝色。在这篇2012年10月的报道里，奥巴马总统说："我希望要做的选择愈少愈好，像要吃什么、穿什么这些事情，我一点都不想伤脑筋，因为我有太多更重大的决定要做。"就是因为知道做选择很伤脑筋，所以他希望例行公事可以千篇一律地处理，省下来的心思他好去想国家大事。这样的想法是对的，你不妨试试。选一个星期，晚上睡前把隔天早上要穿的行头先想出来，隔天不管如何都不换，不管早上起来雨再下、雪再大都一样。然后细细体会这样的早上会有多自在、多坦然。至少对我来说，这是减压的良伴。有时睡前忘了把衣服先拿出来，隔天早上我就会看哪套衣服都不顺眼，换来换去才赶着出门，这样对一整天的工作来说绝不是一个好的开场。

☑ 为什么
☑ 精英都是
☑ 清单控
☐

第六章

**社交清单：让你
生活多姿又多彩**

我很喜欢用清单做的一件事情就是：规划社交生活。不论是派对、活动、旅行，甚至通电话，我都可以用清单去管理，去确保每件事都不会留下遗憾。

☑ 朋友间的清单

现代人个个都很夸张，每个人都是一件事情接着一件事情在忙，有时候朋友想约见面都不容易。但不能觉得不容易就不约了，因为社交可以滋润我们的身心灵。按照非营利的梅奥诊所（Mayo Clinic）所说，友谊可以增添幸福，可以缓解压力，可以让我们有勇气面对日常的困境。

有多少次你很兴奋可以见到挚友，却在道别后才猛然一惊："啊，那事儿我忘了说！"至少我遇到过。就是因为我遇到过这种事情，所以我现在都会先写好清单才去跟朋友碰面。现在的我只要跟朋友有约，就会立刻提笔把我想跟姐妹分享的事情写成白纸黑字。有时候我会平常就开始累积，我会在笔记本里专门留一页给一个朋友，或者是在APP里为她专门开一张清单。我会把大大小小想让她知道的事情都存放在这个空间里，比方说刚发现有个颜色的指甲油我觉得某位朋友会喜欢，那就一定会列进清单里。不用管自己会不会记得太琐碎，也不用担心太严肃的要过滤掉，反正只要有想讲的事情就都写进去，写下来我才不会忘记。

有段时间我有群朋友也是清单的爱好者，我们会一起享受清单的乐趣。每次聚会，我们都会提前一天用e-mail沟通各自想讲什么事情。我们会给每件事情取一个有趣生动的标题，然后分配时间排出八卦的"议程"，如此隔天的聚会往往因此更开心、更顺利。一开始，听我这样提议，大家的反应都是觉得我应该是疯了，见面聊天有必要这么认真吗？但最后他们的认真跟投入却一点也不输给我。

你要不要也跟我们一样，先排好议程再跟亲朋好友聚会呢？我这里有几个你应该从善如流的理由，包括排好议程可以让你们：

□ 讨论不会走偏：特别是要喝酒的话，讨论就很容易离题（话题走偏，正事就谈不了了）。

□ 事情不会忘掉：要不就趁聚会前花个几分钟写一下，要不平常就随时记下想说的事。

□ 流程不会乱掉：准备了讨论清单，就完全不怕会漫无目的地乱聊，话题一开，大家就立刻进入正题，火力全开。

☑ 打电话用的清单

生活日益数字化，打电话的艺术也渐渐失传了。2012年的一份研究显示，该年度全球短信量是八兆封，看清楚，单位是"兆"！很多人已经完全不打电话了，毕竟打几个字就可以传达信息，感觉方便多了。不过别担心，只要你愿意花一点点时间计划一下、组织一下，电话就又可以回到你的生活当中。

有个朋友跟我说她很烦，因为每次跟妈妈通电话都没有话可讲。这样的经验我想我们都有过，该你讲话了，你的脑袋却一片空白，而这时候清单就可以派上用场。我建议朋友把想跟妈妈说的要紧事都写下来，每发生一件就写一件，而且平常就要未雨绸缪。她于是从善如流，开始了这样的记录，结果到了跟妈妈讲电话的时候，朋友便顺利把这段时间自己生活上大大小小的事都跟母亲大人禀报完毕，感觉非常舒畅，因为她觉得这样的亲子互动很亲密，她妈妈也说跟女儿很久没聊得如此痛快了。

　　我朋友跟妈妈分享了这个秘诀，结果她妈妈也成了清单控。说是小抄好像有点难听，但这种小抄真的没有关系，毕竟是跟自己妈妈嘛，百无禁忌，你也试试看吧！

☑ 用清单计划完美的旅程

巴黎是我很喜欢的城市，老公杰伊跟我一有机会就会去那里找朋友。

妮可（我之前提过的打包天才）跟彼得都是纽约人，但他们太喜欢外号叫"光之城"的巴黎了，于是决定搬到那里去住三个月。当时我们去找他们玩了三天，三天听来不多，但是我们是玩了整整三天。同时因为这是杰伊初访巴黎，所以我们很希望能兼顾观光客的行程与老巴黎的私房景点。

妮可跟我一样热衷计划事情，所以我们很快就忙了起来，开始联手计划这趟旅行。无数封电子邮件往返之后，我们把"待办事项"清单缩小到一个程度，同时所有的笔记都存放在Evernote里（详见94页）。

☐ 吃起司火锅

☐ 喝葡萄酒

☐ （重点）走访卢浮宫

☐ 在卢森堡公园野餐

☐ 吃羊角面包

☐ 骑赛格威电动车游巴黎

☐ 搭船游塞纳−马恩省河

☐ 吃地道的可丽饼

☐ 欣赏法国国庆夜间烟火秀

☐ 去"拉杜雷"面包糕饼店吃马卡龙

☐ 聆听户外的肖邦演奏会

确定想做的事情以后，我们开始把这些景点排进每日的行程表中。我们不会把卢森堡公园跟拉杜雷排在同一天，因为这两个景点并不相邻。计划的时候应该全盘考虑，于是我们讨论出来的首日行程长得像这样：

☐ **星期五**

早上八点半

抵达（时晴时多云的）巴黎。

上午九点半至下午一点半

到饭店安顿好，打个小盹。

下午一点半

集合，散步到香榭丽舍大道七十五号的拉杜雷，去吃我人生中的第一个正统马卡龙。

下午两点半至四点半

在饭店附近好好吃顿午餐，漫步到皮耶夏红大道六十四号的维多利亚咖啡。

下午四点半至五点半

搭香榭丽舍大道上的地铁一号线到塞纳－马恩省河边的巴托布游船码头，搭船从巴黎市政厅到埃菲尔铁塔，在附近逛逛。

下午六点半至晚上九点半

试骑赛格威，在埃菲尔铁塔旁的艾德加佛贺二十四号借还赛格威。

晚上十点

看埃菲尔铁塔和夏乐宫／特罗卡德罗的夜景。

晚上十点半

在特罗卡德罗的马拉克夫咖啡吃顿稍迟的晚餐。

最后

搭地铁或出租车回饭店，本晚结束，就寝做个美梦！

一定有人会说："放轻松好吗？你不是来度假的吗？干吗把行程排得这么满？"这话我完全理解，但排好行程可以帮我省下时间与金钱。我觉得有计划与事前做好功课，可以让我玩得更开心。当然，若真有需要还是能做些弹性调整，但重点是所有我想玩的地方，都可以在短短的三天内玩到。

我们研究过餐厅的菜单跟价位，也确认过博物馆的开放时间，这样的行程走起来其实比想象中轻松，因为所有的麻烦事我们都已经处理好了。

生产力小秘密

电视制作人的时间管理妙招：倒推

在电视新闻里，时效是一切，制作人、主播、记者、摄影、剪接师每天都在跟时间赛跑，而且输赢都在瞬息之间。重大新闻可以说是分秒必争，很快就要做出来播，所以时间管理就成了这一行的显学。在电视新闻部门工作超过十年，我已经内化到连下班后都把时间当成上班时在管理。

时间管理

说到时间管理，我有一个妙招是"倒推"。工作上我用这招来确保所有的新闻都能塞进节目时间里播完，这样大家才能准时收播下班。身为节目的制作人，我会依照重要性分配好每则新闻的篇幅，并且每估好一则新闻就会统计一下节目的长度，直到时间够了为止，还有就是所有固定的单位都要顾到，头条、体育、天气与娱乐消息，一个都不能少。

话说电视新闻里有很多变数：SNG（卫星新闻采集）现场直播、棚内来宾的访问、友台或其他来源的新闻画面、不同记者的行事风格、主播的要求、有受访者发言等。夜复一夜把这些变量统统整合在一起是一门学问，但身为观众的你应该知道我们是使命必达。

倒推的好处

倒推，顾名思义就是倒着算时间。这意思就是如果你有一小时要填满，那你就把新闻的结束时间当成起点，然后倒着把时间推回到新闻开播，顺便标明中间的过场与转折。

现场直播必须达到一定的长度，如果时间超过，那你就要随机应变调整，比方说体育新闻可以拿掉一点，或是兔子耍宝的新闻可以全部抽掉，一切弹性都是为了让新闻整体的长度固定。

我们现在比较幸运的是有电脑可以帮忙，制作人在倒推的过程中可以通过软件来掌握状况。想当初我还是个菜鸟制作人的时候，这样的科技还不存在，所以我只好用手跟笔来倒推。我讨厌数学，但倒推真的很好用。

倒推在生活中的运用

倒推在生活中可以如何运用？基本上任何事情都可以用倒推的。我自己办婚礼用过，每天要办事也都用得上，放假要计划出游更是少不了这招。生活中我使用倒推的步骤是：

1. 想好特定活动有多少时间需要填满；

2. 从活动的结束时间出发，倒着推回活动开始；

3. 估计每个个别事件会占用多少时间；

4. 时间爆表的话就开始取舍与调整；

5. 确定好行程就照表操作。

要带小孩出门的时候，这招特别好用，因为小孩的"佩件"超级多！为了未雨绸缪，你可以想好在特定的时间出门要做哪些准备，然后再回推这些准备工夫每一样要花你多少时间，这样即便带小朋友出门不简单，你还是可以准时出发，不会迟到。倒推的应用真的很广，同时效率提高所减轻的压力和节省下来的时间都相当可观。

☑ 人生最大的一场派对

我喜欢计划，计划自己的婚礼更是超开心。杰伊跟我选在波多黎各办海外婚礼，所以在纽约远距离规划还是很了不起的，对此我的法宝就是清单，几乎每个环节都有专属的一张。

- ☐ 宾客名单
- ☐ 厂商跟场地名单
- ☐ 要提前出货的小礼物明细
- ☐ 打包行李清单
- ☐ 婚礼周末的宾客招待行程

大多数人听到婚礼办在可以避寒的观光胜地都会很开心，但总还是会有人不开心。不用介意，心情调整好以后就开始想要请谁来，同时心理上要做好准备，婚礼筹备是项大工程。规划人生最大的一场派对，有条不紊是最高指导原则。一旦乱了方针，筹备婚礼就会有压力，就不好玩了！

1. 选择地点

选择海外婚礼地点时要考虑很多东西（当然只要是婚礼就要考虑很多东西啦）。首先一定要大多数宾客能够到得了。来参加海外婚礼必然要一笔费用，更不用说得腾出时间来，所以我们应该要尽量对前来献上祝福的亲友体贴一点。做点功课，看看他们可以利用来参加婚礼的周末顺便从事什么活动，当然你不用替每个人都排好行程，但能提供给他们一些选择绝对是贴心的表现。

2. 选择厂商

这是远距离策划婚礼最大的难题。我建议偶尔可以赌一下，前提是你仍尽力做了一定的功课。你可以考虑跟我们一样委托当地的婚礼筹划师，这钱多半会花得很值得。婚礼筹划师有地利之便，在当地有长年合作的厂商。只要你信得过，他们推荐的厂商大致上不会出什么纰漏。没找过这类业者的话（毕竟多数人只结一次婚），你可以去问在当地结过婚的友人，请他们推荐。

3. 面对厂商

你必须做好功课后再去跟厂商沟通。不论是通过电话还是面谈，都要提前准备好问题，最好要求跟厂商服务过的新娘通话，因为过来人的经验极具参考价值。

4. 人放轻松

岛屿婚礼的特点就是气氛悠闲，所以要有心理准备的是当地的厂商不会跟你一样准时，这可苦了我这个来自纽约市的A型血性格的人。结果是我结婚时偶尔会"恐慌症"发作，我会跟厂商说："我15分钟前寄了e-amil给你们，怎么到现在还没收到回复？"小岛是不同的时区，有不同于外面世界的步调，学着照着他们的节奏走，你会比较放松。

5. 打包行李

行李打包前好好列张清单，你的头痛一定可以减轻不少。结婚时要记的事情一定非常多，所以愈早开始列清单愈好。不知道从何列起的话可以去我的"清单制作人"网站找一张"海外婚礼行李打包清单"（Destination Wedding Packing List），本书的附录里也有。

筹备任何活动，晚餐派对或慈善晚会也好，生日宴会或读书会也罢，你都会发现清单很好用。有些人办活动搞得自己不开心，是因为要烦心的琐事太多。但其实只要计划得好，加上有缜密的清单助你一臂之力，主人一定可以在事前做好充分的准备，这样的话到了活动当天，主人当自己是客人就好，客人怎么玩你就怎么玩。

☑ 送礼

我婆婆跟我都爱送礼物，更爱买礼物。但这不是重点，重点是我婆婆真的很会挑礼物，她每每都能送礼送到人心坎里，让人不论是因为什么场合收礼都能收得很开心、很满意。送对礼是一种很特别的体验，收礼的人会觉得开心，送礼的人可以表达关心。

要找到完美的礼物，一样是愈早愈好。这里有张检查表供你参考。

1. 尽早开始

你是否经常因为选礼物而临时抱佛脚？是不是经常爆预算或为了凑数而买了很多拙劣的礼物？其实只要未雨绸缪，这些状况都是可以避免的。包括朋友的生日或重要节日，你都应该预留两个月的时间选购礼品。

我都会很早开始准备选生日礼物给亲友，基本上每年8月是我买下一年份礼物的季节。有这么多时间准备，我才能好好思考每个人喜欢什么、需要什么，另外预留时间也让我有办法利用不同的折扣季来"省钱"，毕竟美国有好多特卖可以好好利用，像返校特卖、劳动节假期、哥伦布日与退伍军人节的打折都是。

2. 脑力激荡

我每个月会检查一次行事历，看看接下来几个月有没有活动或生日，有的话我就会按时间顺序清单，然后针对每一名寿星或特别的人脑力激荡。我会去思索送礼的对象喜欢什么，需要什么，最近在想什么，什么东西会让他（她）发自内心地微笑。这应该是张常设的清单，内容随时可以增删。累积的灵感可以用在每年固定的圣诞节跟结婚纪念日，先大概有方向，就不会压力缠身。

3. 做好功课

脑力激荡完，清单准备好，再来就是要做功课。有时候我会跑不同的店或上不同的网站，把看到的觉得亲友可能喜欢的东西记下来。看杂志或读报的时候，我也会留意新鲜的东西或广告，有的话也一样记下来。旅行中也带着这表，随时补充新鲜货进去。

4. 长期记录

我会把送过的礼物都做成记录，记在笔记本（或Evernote）里，这样我才不会一样的东西送两次，除非对方实在太喜欢这样东西，但那绝对是特例，一般不会有人喜欢重复收到一样的礼物。为了避免尴尬，我们应该针对固定的送礼对象做好这样的记录，不要怕辛苦。

我无意间逛到一个有趣的网站，应该可以帮助很多人有系统地得到自己想要的礼物，这网站叫作MyRegistry.com，其运作就像大家所熟知的新婚或新生儿送礼登记平台。你把想要的东西统统列上去而不用被绑死在一家店里。你可以随时随地想到新的项目加上去，这样是不是超酷？不论你今天是要搬新家、过生日、毕业，还是要过圣诞节等冬天的节日，准备收礼的人都可以新开一张清单。这个网站并非为夫妇与宝宝专设，就算你是单身也可以善加利用。

我知道礼貌达人一定会倒抽一口冷气，怎么会有人脸皮厚到开口跟人要礼物。平常我应该也会跟着他们一起骂，但换个角度想，这样真的可以节省很多时间，也可以让买礼物的钱花在刀刃上。如果今天是我要送礼，我会很感激朋友直接跟我说他们想要什么生日礼物，这样绝对是皆大欢喜！我不用浪费时间一家店一家店逛呀找呀，又可以获得送对礼的成就感。双赢！这个做法超棒！

5. 抓紧预算

一旦我们选礼物选到急了，或者是自觉找到了真的很棒的礼物，预算就很可能会失控。但贵的礼物不见得是好的礼物。正确的做法是设定预算，然后不要超支，这样才不会让自己不开心。假设在书店看到一本书是妈妈会喜欢的，我会把书名记下来，然后尽量到网络上买比较划算。未雨绸缪，时间就充裕，因此可以货比三家，把血汗钱省下。

☑ 避免冷场，准备好清单必能派上用场

手足无措，不知道什么可以说什么不能说，这样的经验我们都有过。

这样尴尬的场合会让我们觉得焦虑、有压力，觉得浑身不对劲。但就跟生活中很多其他的事情一样，我们都得要想办法"以拖待变"，看最后会不会"弄假成真"，不变的是我们可以找清单帮忙。

下面我们来学习一些"无话可说"时可以试着丢出来的短句或问句。

╱晚餐派对╱

晚餐派对是某些人心中的梦魇。要聊天，要面对陌生人，要避免几乎避免不了的冷场面。但其实不论是晚宴、鸡尾酒会，还

是任何类似的社交场合，你都可以事前做些准备。有准备你就可以大大降低不舒服的感觉。下面的这些办法搞不好可以救你一命。

- [ ] 问开放性的问题，最好是申论题，避免问出对方只能简答是或否的问题。
- [ ] 找个对象恭维。恭维是引信，搞不好可以引爆一大串讨论，围绕着你说好看的耳环是在什么地方买的，然后话匣子一开，就不愁对话会太干。
- [ ] 聊时事。除非跟对方够熟，否则政治和宗教的话题不碰是常识，但其他类型的时事都是不错的八卦来源，取之不尽，用之不竭。
- [ ] 聊吃的。问人喜欢哪国菜，最近去过什么餐厅，吃过什么大餐。民以食为天，很少人不喜欢聊吃的。

╱准妈妈派对╱

为准妈妈或准新娘办的派对，一个不小心就会尴尬无比。来自新娘生活各个层面的一群女人，说不定完全没有交集，至少在破冰之前很容易有这样的感觉，所以关键就在于说什么来融合大家。

- [ ] 你怎么认识新娘的？你跟新娘什么关系？
- [ ] 问人小时候喜欢过什么书。
- [ ] 问最近有没有人有出国的打算，旅行计划是很好的火种。
- [ ] 看近期有没有跟婚礼或新娘有关的电影可以聊。

╱电梯奇缘╱

以前我一天至少会遇到一次在公司的电梯遇到别人进来，然后完全不知道要怎么办的窘况。所幸我的职场是电视台，电梯里有24小时终年不歇的电视可看，这多少有助于降低小空间里的尴尬值。但电梯里有电视毕竟是少数中的少数，对不在电视台工作的各位，我有以下的建议。

☐ 笑，保持微笑。如果是要融冰，有时候光笑就很有效。

☐ 看对方按的是哪一楼，问一下那楼有（是）什么。

☐ 尊重对方。不是每个人都爱在电梯里讲话，有时不说话也不犯法。

╱告别式╱

生离死别往往让人不能自已，辞世者的亲友会突然间变成感情的动物，这时如果我们和先大家而去的人不是特别亲近，话就会变得很难说，以下是我的一点建议。

☐ 分享记忆中可爱的他（她），以及一些小故事。

☐ 就说"我知道这段时间你跟家人辛苦了，请节哀，我会为你们祈祷"。

☐ 肯定辞世者的成就，细数他（她）于公于私的付出，包括对家庭、服务单位或邻里的大小贡献。

☐ 仪式后你可以主动留下来善后，跟丧家够熟的话，你还可以协
助已经忙了一天的他们准备晚餐。

╱ 万用口袋问题清单 ╱

☐ 今天有什么开心的事吗？

☐ 你最近看过什么电影？

☐ 你都读哪种书？

☐ 有的选的话，你会想住在哪里？

☐ 你会乐器吗？你会说几种语言？

☐ 你小时候是很皮还是很乖？

╱ 遇到名人的因应之道：什么话能说？ ╱

因为工作的关系，我有幸能常常跟明星或大人物擦身而过，
这当中当然有很多名人。有次知道会遇到贝蒂・怀特（Betty
White），我兴奋异常，因为我一直都很迷《黄金女郎》剧集。后
来我还真的有幸跟她闲聊了一会儿，甚至一起出现在镜头前。那
是美好的回忆，她果然是个超棒的大明星。

但是我跟名人的接触并不是每次都这么顺利。我长年是奥普
拉的粉丝，但在电梯里遇到CBS主播盖尔・金（Gayle King），我
还是会僵住。我不想对着身兼《奥普拉杂志》特约编辑的她脱口

而出："我也喜欢奥普拉！"所以我就干脆保持沉默。

说多尴尬，就有多尴尬。

也许我们对名人的工作表现如数家珍，甚至对他们的私生活都可以娓娓道来，但他们眼中的我们就是普通人，基本上完全陌生。谁会想被揭离婚这种疮疤，或是让素昧平生的路人指指点点他们的生涯规划？我想名人也是人，他们的感受应该跟我们没有差别，你觉得呢？

我曾经列过一整张非常明确的问题清单要来问奥普拉，后来我想到自己还应该准备一张大方向的问题清单，以防我再遇到史德曼[①]或盖尔·金。秉持着"不会对对方不敬，不会让自己丢脸，不会被当成哑巴"的三"不"原则，我想到了面对名人时可以主动出击的五种搭讪法。

1. "我很喜欢你在'某某节目／电影／活动'里的演出！"

很多名人都有特别投入或特别"喜爱"的工作，但这工作不见得是他们最有名的作品。能因为这个他们看重的作品被夸奖一下，我相信名人一定会觉得相当受用。

[①] 史德曼·葛拉汉（Stedman Graham），1992年曾经与奥普拉订婚，目前两人的系是"精神伴侣"。

2. "你觉得'某某角色'后来怎么了?"

八九不离十,某位演员如果担纲你最喜欢的剧集角色,他多半也会跟你一样喜欢这个角色,也会跟你一样好奇这角色会有什么样的发展或遭遇。可惜詹姆斯·甘多费尼（James Gandolfini）已经离粉丝而去,否则这问题超适合他,我真的好想知道他觉得《黑道家族》剧集里他演的东尼老大怎么样了。

3. "我是因为你才开始……"

名人大多具有某种艺术家身份,而身为艺术家,他们一定都希望能通过作品对人产生影响。名人不缺人跟他们说"我爱你""我喜欢你的作品",这些话自然也都很中听,但如果他们知道自己偶尔也能影响人去努力上进,心里说不定会更加高兴。

4. "你有偶像吗?"

名人也是人,当然也会有当小粉丝崇拜人的时候。

如果你真的紧张到一个程度,亟须融冰,你可以试着坦承自己是对方的粉丝,所以才会紧张成这样。你的偶像很可能也有自己的偶像,而且也曾经处在跟你当下一样的状况,搞不好你的偶像因此有故事可以跟你分享。这做法感觉有点悬，但我手下的实习生妹妹遇到过摇滚歌手戴夫·马修斯（Dave Matthews），她跟我汇报这招很好用。

5. "这项链好酷！可以问问是哪里买的吗？"

这话适合对不熟的名人说。锁定他（她）身上最闪的衣服或配件，当问题丢出去。很难说这不会问出有趣的答案来，或至少可以让你跟名人在短时间内相谈甚欢。

不论你决定用哪一句，不要忘记呼吸，不要兴奋到疯言疯语。准备好日后跟朋友炫耀吧。

为什么
精英都是
清单控

第七章

生活委外，
自由全开

每个星期一到了公司，问同事"周末过得怎样"，我常听到他们给我的回答是："很好，就是太短了！"没有人会嫌时间多，没有人的时间会够用，但也不能排除这是因为我们没有善用时间。

　　再怎么有效率的人都不容易今日事今日毕，但其实关键就在于你懂不懂得把事情分出去。只要把事情丢一点给别人，把时间留下来做自己擅长的事情，你就能显著提升效率。

☑《汤姆历险记》——终极委外教材

在各位心目中,《汤姆历险记》的主人公就是个调皮的小孩,到处惹麻烦,但你不能不承认他也是个"委外"专家。书里看得到汤姆只要是不想做家事,就会把委外的技巧发挥到淋漓尽致。

可能有人不记得了,我在这儿帮大家简单复习一下。汤姆又惹麻烦了,波莉姨妈有点不高兴,给他的惩罚是星期六要把篱笆刷白。汤姆当然不想刷油漆,于是他很聪明地说服了其他男生帮他工作。他对这些男孩说刷篱笆很有乐趣,而且不是每个人都行。骗去替汤姆做事的男生还觉得自己占了便宜,所以还拿出苹果、风筝、一截粉笔、几只蝌蚪、弹珠、一只眼睛的小猫等来交换,毕竟能刷篱笆可是天大的福分!就这样,汤姆不费吹灰之力就让篱笆上多了三层新漆,还拿到一大堆好东西,汗没流一滴。

　　汤姆不是不能自己刷漆，但他就是不想，你是否也常有这种时候？要跑腿、买药、缴费、更新个人网页，是不是也常觉得没时间做，或者懒得做？这时候以汤姆为师：要自由，就委外！

✅ 什么是委外

委外就是让人免费或花钱请别人帮你完成工作，好让你有时间去做你真的擅长的事情（像汤姆就用来偷懒还收礼）。委外减轻肩头的压力，也就可以减轻心头的压力。"很多文化都会把忙碌与压力跟身份地位的高低联结在一起，好像人愈忙愈累才愈了不起。"海迪·汉娜指出了这个盲点。

我曾经是个控制狂，什么都要管，出门是主管，在家是"家管"。但后来我体会到这不是办法，于是我立刻在大脑里踩了刹车。现在，我的想法是能者多劳，谁比较擅长就让谁做，我自己则专心在白天的正职上，在写书上，在经营博客上，在跟老公共进晚餐培养感情上，乃至其他真正非我不行的事情上。把时间"浪费"在这些事情上，我才不会觉得可惜；我不是不能自己去写程序或买东西，但这么做不符合经济效益。

我所知最厉害的委外达人是阿里·迈泽尔（Ari Meisel）。虽然被诊断出有"克隆氏症"①，但阿里还是想到了办法借助医生的帮助脱离药物，过健康的生活。身为记者的我访问过他，请他谈谈这期间的心路历程，结果我很快就发现，特殊的人生经验带着他精进了"少做的艺术"，而这让他的压力值大降。这样的阿里创设了LessDoing.com网站，写了本书叫《聪明人都在做的策略性偷懒法：大事简化、小事委外、杂事不干，我还多赚，怎么办到？》来帮助人"把诸多事务的执行最适化、自动化，往外发，让生活效率全面提升"。

阿里认为，人不应该浪费时间去做别人比自己厉害的事情。让别人去"发挥所长"，自己才有时间去从事我们做得开心又做得好的事情。"我们欠缺技术的，别人有专才的，自己学划不来，也达不到专家水平的事情，最好还是外包出去吧。"迈泽尔说。

你应该让旅行社服务过吧？那你应该懂，因为这道理是一样的。你可以逛遍网站比价，誓言把最划算、"CP值"（性能价格比）最高的机票或行程找到。或者，你也可以让开，让专业的人来做。如果选择后者，那多出来的时间你可以多接待一位客人，让他帮你分摊一点你放假去各地冒险时的旅费。

---

① Crohn's disease，一种肠胃方面的病症，因发炎等现象会导致患者出现腹部不适、呕吐等症状。

☑ 没有不可能

几年前看过《永无止境》（*Limitless*）后，我一直到处说这是部好电影，对还没看过的人，我在此大力推荐！我会推荐这电影不（只）是因为布莱德利·库珀（Bradley Cooper）帅，而是因为这片兼具娱乐性与悬疑性，保证看完你会想问哪里买得到NZT。

在这部片里，NZT是一种药，吃了能让人脑的潜能利用率从正常的20％跳到100％，就像是把你变成完美的你，然后再给你三个愿望！布莱德利·库珀饰演的艾迪突然就学会了不止一门外语，重要的资讯随传随到而且再也不忘记，拖稿很久的小说一下就写好，股市操作的诀窍他一学就会，赚钱变得容易。

想把清单上的待办事项全部画掉？想要体会得做跟想做的事情一下统统解决掉的快感？这不难，你没有NZT也可以破关，你差的就是还没学会委外。

☑ **委外好处多**

　　我写了很多文章，提醒大家要记得我们都只是一个人，偶尔要让自己放松一点，压力不要那么大！我们不可能永远什么事都自己来，我们总是要学着找人帮我们。我也是终于把自己的建议听进去，才找了现在的这群实习生帮我。天哪！有他们帮我真的是让我人生大逆转！放弃一点点控制的欲望，授权一点点事情出去，投资报酬率却超高！

　　多一双手帮忙，好处可多了。

灵感不中断

　　你有没有过在夜里惊醒，想到一个超棒的点子？你可能写了下来，但后来找不到那张纸，或者白天一忙又把这事忘了。但有人在身边帮忙，你就多一个脑子帮你追踪这些"疯狂的点子"，或者你忘记的事情他们也可以提醒。简单一句："嘿，你不是说想干吗，下一步是什么？"就可以让你重新聚焦，重回轨道。

行程不再赶

也许你有个很棒的点子但没时间去执行，这时候多一双手帮助你，你就能完成更多的目标。东西吃不完，就多要一把叉子，找人一起吃！

有钱可以赚

有人帮你管理接案，帮你追踪灵感，你的事业就可以做得更大、更好。或许就因为身边多了一些人帮忙或提供方法，你放在心里许久的策划就得以上紧发条，开始往前跑。

压力会舒缓

事情太多会让你没办法专心在眼前的工作上，进而影响到你的表现。把一部分工作分出去，可以让你压力变小，工作质量提高。在《压力狂：五个步骤改变你与压力的关系》（*Stressaholic:*

5 Steps toTransform Your Relationship with Stress）里，海迪·汉娜写道："多任务会影响人的工作表现，浪费时间又耗损能量，让负面的因子累积。但很多人就会不由自主同时做很多事情，因为他们总觉得自己的时间不够，事情又太多。"科技达人卡莉·纳布拉克会创立Digitwirl.com（就是现在的carleyk.com），是因为她身兼生活指导师与两个孩子的妈，日子实在是忙得夸张，她真的累到人都快垮了。她分享说，能把影响自己心情的事情排除掉，对她来说就是一大胜利。"我自然不想为了办事而连跑两个地方，我希望有空多陪陪孩子，我不想身心俱疲地累瘫在超市出口。我宁可一个礼拜一次，付钱请人替我去卖场补货，这不只是因为价钱合理我花得起，也是因为我自己跑一趟真的好累，我愿意付钱避免那样的疲累。"卡莉如是说。

你会有同伴

能够有个会替你着想，跟你志同道合的人可以依赖，是很棒的事情。付钱请人帮你可以让你的作息恢复平衡。你可以让实习生或助理来帮你管理工作与行程，而你则可以把精力留着思考各种决定。你有什么想法可以先跟身边的帮手讨论一下，这样比较心安，另外，他们也会提醒你再忙也要吃午饭。

如果你对找人帮你还是迟疑，那么请问问自己下面这些问题

☐ 如果细节有人替你打理，推动不成问题，那你有什么远大的抱

　负想要执行？

☐ 有没有什么你一直很想做，但一直往后拖的事情？

☑ 哪些事情可以委外

生活里可以委外的事情之多，一定会让你惊呼连连。委外的可能性到处都有，像我就委外过购物、大扫除、找数据、博客文章编辑和社群媒体管理。

阿里·迈泽尔说，他几乎没有不能委外的事情，他举了很多例子。

☐ 录制网络广播内容

☐ 书稿的校对与编辑

☐ 逐字稿的听打

☐ 写博客文章

☐ 社群媒体（个人网站、Facebook）的管理与日常运作维系

☐ 为某件事情做功课或做研究

- ☐ 订购日用品
- ☐ 跟人约时间、排行程
- ☐ 规划出游
- ☐ 取得法国的公民权（老天！）

很多人会说"哦，这一下就好了，我自己来"，但其实没有什么事情真正一下就好，时间都是省出来的，省出来的时间去做有意义的小事，小事累积起来就会变成大事。

你知道吗

有钱能使鬼推磨，付费委外不是梦

在《纽约邮报》一篇标题是《纽约整天不缺懒人》的报道里，里德·塔克（Reed Tucker）详细列出了几样可以委外的事情。他表示，只要愿意掏钱，基本上没有什么事非得自己做不可，包括请人当你的司机。以一小时20美元的代价，布鲁克林的这位仁兄就愿意开车带你到任何地方——你只要付钱和提供车子就行。

这些事情也可以委外

☐ 替孩子准备健康的爱心便当（是的，真的有人提供这种服务，不信上网自己看：InBoxYourMeal.com）。

☐ 遛狗和清理小狗便便。

☐ 布置生日派对场地。

☐ 打扫（让别人去刮瓷砖，你可以把秋天的毛衣拿出来用颜色重排）。

☐ 宜家家具组装（说明书超复杂，让别人去伤脑筋吧）。

☐ 重新思考家具的排列位置（大型家具要换个位置，好腾出空间放圣诞树？雇个人来搬就好）。

☐ 挂画（用画增添居家的温暖气氛，爸妈来巡视前要搞定）。

☐ 买非买不可、非送不可的礼物。

☐ 研究意大利之旅如何省时省钱。

☑ 委外应该如何进行

我这样说，说服你了吗？如果你也跃跃欲试，让我帮你找个好帮手，好吗？找人帮你的首要考虑，就是这个人要"懂"你。想找一个"远距"的"虚拟"助理来帮助你完成工作上的事情，你就要善用网络。要把公司里的重要业务委任给外部人员，你必须能确定信得过对方。但如果相对不是那么核心的事务，其实只要一般口碑不差的对象就可以了。

以下是一些可以协助你找到好帮手的网络资源。

1. Elance.com

适用于营运团队的建立。你可以点进这个网址刊登招募自由业人员的广告，然后就可以等着高手级的设计师、撰稿人、平面艺术家、会计、营销专家、虚拟助理，乃至于各式各样你想得到或想不到的专业人员来函自荐。

2. FancyHands.com

我非常钟爱，也经常利用的委外业者，效果对我来说一直很好。只要是约莫20分钟可以远距完成的事情，他们统统来者不拒。你需要人帮你订位，可以；你要人帮你收集数据，没问题。不过体力性的任务他们不接，所以你不能找他们帮你去干洗店取衣服，也不能请他们派人来帮你煮晚餐。Fancy Hands帮我计划过意大利之旅，帮我调查过客户的资料，也帮我替老公筛选过吉他家教。你可以一次买5件、15件或25件任务的套装产品，他们收月费或年费。

3. TaskRabbit.com

另外一个我很喜欢的网站。这家网络公司之所以成立，是因为他们的执行长某天需要帮狗买食物，但又赶着上班快迟到了。于是利娅·布斯克就有了一个梦："一件事即便我比别人厉害一点点，也不表示我不能委外，这完全要看我的时间怎么安排，看哪件事情比较需要我亲力亲为。"利娅在我博客上的客座文章里这样说过。

TaskRabbit（工作兔）可以帮你从清单上画掉的工作包括买食材、买给朋友的礼物，甚至可以替你去送"会唱歌的电报"，也就是帮你跑到别人面前用歌声传达心意！干一件工作付一次钱，而且你还可以开放让人竞标，来竞标的"兔子"都不知道其他兔子索价多少，所以竞争激烈。如果你有喜欢的兔子，也可以直接点他（她）为你服务。

4. Handy.com

需要人打扫、通水管或修电器，Handy.com绝对可以帮你。比起你在网络上瞎逛，这网站上有很多口碑与实力兼具的师傅等着你，你可以因此省下很多用Google做功课的时间。

5. Guru.com

另外一个可以帮你找帮手的网站。网站上汇集了技术型、创意型和业务型的自由业人员。不论你需要的是有人在网络上提供咨询服务，需要有人帮你写一首诗，或是需要有人帮你筹办活动，大师都在这里等你。

6. Wun Wun

纽约一家新创公司设计的APP，他们的特别之处在于专门提供送东西的服务。通过APP，你可以让他们把你需要的任何东西送到曼哈顿的任何一个角落给你。你非吃不可的下午茶点心、你看好的一条牛仔裤、晚上派对要用的那箱红酒，都可以应你的要求来到你的眼前。

7. Zirtual.com

一种媒合远距虚拟助理的服务网站。填好基本需求资料，他们就会帮你找到最专业的人选。一个月只要99美元起价，虚拟助理就可以帮你收集数据、规划行程、添购物品、输入资讯、回复电邮、回拨电话，与其他种种。

8. 雇用实习生

实习生通常是免费劳工。实习生多半还有课业要顾，所以他们不会完全替你卖命。我有幸请到"四大实习生"伊莎贝拉·麦卡洛、凯拉·艾尔曼、凯特琳·史考特与奥德拉·马丁来帮我维护博客、收集写书数据、管理社群媒体账户。我选择实习生是看他们对这一行有没有兴趣。我会带他们参观摄影棚，介绍业内的专家给他们认识，会针砭他们的简历，也会针对未来发展给他们指点。我刚好喜欢做这些事情，但这些事情很花时间。所以你虽然没有付钱给实习生，但只要你像我一样善待他们，提供给他们学习的机会，那你就等于是用时间补偿了他们替你执行的劳务。适合的人并不好找，但一旦找对人，回报也是很可观的。我在领英（Linkedin）上刊登过一则广告，目标是提供实习计划而且离我不远的大专院校。

☑ 花多少钱可以接受

好的，你等很久的部分终于来了：委外要花多少钱？嗯，思考这个问题，首先要回答的是：对你来说，这个忙值多少？我的看法是只要可以让你每个月多接一件案子，某项委外就值得投资。

我听阿里·迈泽尔说，光这两年，他通过大量委外省下的时间就有3000小时，少花的冤枉钱更高达50万美元。这两个数字看起来都很惊人，但我想实际一点来看，省下多少时间与金额多少取决于主观，因为时间的价值因人而异，每个人的能力跟身价也都不会一致。但说真的，如果有3000小时，你会比较想跟孩子玩耍、躺在沙滩上，还是去缴账单跟送洗床单？更不用说50万美元省下来可以做多少事情！

另外一种角度是：你要不要试试以物易物？以物易物的意思

就是别人帮你做点什么，你也帮对方做点什么。比方说，我可以替网站设计师的个人网页写文案，而她可以帮我设计网站的主题，这样就是截长补短的一种交换，很好懂吧？用你会的去交换你需要的，金钱完全排除在外。不过这样的"交易"要成功需要一点缘分，所以只能视情况机动使用。

✔ 分派工作的诀窍

理论上把事情分出去是很舒畅的事情，但并不是每个人都像书里的汤姆，也不是每个人都有派工作给别人的天分。所幸没天分我们可以练习，下面是操练的要点。

1. 要计划

把要分出去的工作写成清单，要写得超级详细。清单内容可以包括要排定的工作会面、要想的晚宴菜单、要去取货的派对备料或用品、需要管理的超满电子邮件信箱、需要重新设计的博客主题等。

2. 要实际

谁能比你了解自己，所以不要自己骗自己，什么可以5分钟完成，什么适合委外不用省，你可以很清醒地知道。

3. 要谦虚

不要期望像超级英雄那样把事情全都揽在身上。这样的想法很过时，聪明一点，想清楚自己擅长什么，专门做那件事就对了。

4. 要清晰

阿里会把自己跟虚拟助理代他完成的事情都用检查表来管理。他累积这样的检查表已经有53张，分别记录不同类型的工作，包括缴账单这类不做不行的杂事。你愈是准备周到，愈是让请来的帮手知道你要他协助什么，双方愈会轻而易举就能接手。

5. 要感激

有了多出来的时间可以做你真正想做的事情，记得笑一个！你已经成功把你可以自己做但不合理的事情分出去，腾出来的时间，你可以留给家庭、留给假期、留给喜欢的书籍、留给被窝好好休息。有这样的福气请你好好珍惜！

为什么
精英都是
清单控

第八章

清单数字化

我要招认一件事。我曾经不急着跟上数字化的时代，我曾经觉得APP很蠢。你听到了，我招了。我一部小小贝壳机用了很久，从来不觉得自己需要"智能型手机"或APP。我的脑袋一直转不过来，也从来不觉得在我用不坏的"不智慧的手机"上，要打出"Hello"这个单词要按13次按键，这有什么好大惊小怪。老实说，我曾经拒用iPhone，也曾经觉得小贝壳机已经能满足我所有的需求。要打电话用手机，要记东西我有纸笔，生活非常惬意。

　　但我老公始终不肯放弃，于是我最后还是换了iPhone，换了之后我承认："我错怪iPhone了，现在我完全不能想象自己以前的日子是怎么过的。"用智能型手机来掌握事情的进度或减少时间的浪费，效果好到没办法用好来形容。所以，如果你也还在抗拒，我建议你给智能型手机一个机会，也给自己一个机会，我保证你不会后悔。

☑ 数字化：利大于弊？

　　我还是会手写清单，但数字化和APP绝对是提升生产力的利器。而且我发现并非只有我这样做，弗雷斯特研究公司（Forrester Research）替数字笔记本电脑业者Livescribe做的一项研究显示，专业人士会在工作上使用笔记本电脑和平板电脑，但他们当中87％的人并没有因此放弃手写的笔记。

　　凡事都有利弊，把清单数字化也不例外，下面是简单的比较。

便利

☐ 可以同步。大部分的APP都可以在多重平台上同步档案，以利使用者随处取用清单。这意味着你可以在个人电脑前用网页版制作采购清单，然后带着手机去卖场对照。

☐ 不怕弄丢。清单写在纸上最大的问题就是会弄丢。数字化就不用担心！科技是长期存放的好朋友。

☐ 不会尘封。人生愿望清单或行李明细写在哪本笔记本里，我们往往一写完就开始忘记。但如果是数字清单的话，就不会出现想不起来清单放在哪里的窘境。清单好找，重复检视和使用的概率就会比较高。

☐ 搜寻轻松。正如上一点所说，不论你的清单是什么时候写的、在哪里写的，找到都会是一件比较容易的事情，因为数字的东西总会留下足迹。

☐ 跟上话题。现在大家很喜欢聊APP，很多人喜欢推荐APP，喜欢寻找新的APP，还很爱炫耀自己在用哪些APP。你准备几个好用、可聊的APP在手上，社交时绝对派得上用场。

弊端

☐ 手写可以锻炼脑力。手写清单带来的大脑体操是钱买不到的。研究显示，手写可以练习抽象的表达能力和小肌肉群的运动能力。甚至出生于美国战后婴儿潮的长者，都因为习惯手写而老得比较慢。

☐ 科技没有那么容易。这我最懂，因为我是过来人。拿笔写下来多容易，几秒搞定，干吗还要下载APP？

☐ 创意可能遭受打击。做笔记或列清单的时候若需要画图、画表格，电子文件会比较麻烦。

☐ 货比三家影响心情。不是每个APP都能够满足你的需求，也不是我合用的APP你就一定顺手。挑选APP的秘诀无他，就跟买衣服一样，试过最准。当然试用可能很花时间，而且也可能一直试不到好的，但只要试到一次对的，你的生活就会改变，投入的时间就会很值得了。

好坏我现在都摊在各位眼前了，但我想补一句，上述的弊端都是可以克服的。使用科技不表示你得放弃纸笔，我们总是可以找到办法让数字跟模拟的清单列法并肩作战，并且数字化的好处也确实很多。我跟科技达人卡莉·纳布拉克聊天的过程中，她告诉我科技对身为妈妈的她帮助很大。"现在我脑中闪过任何一点想法，或捕捉到任何一道稍纵即逝的灵光，我都有个地方可以存放，不用再担心没写下来会忘掉。这问题不处理会是一个困扰，因为生活中发生的事情太多太快了。"她说。

☑ 别让待办事项反客为主

如果你觉得自己已经在iPhone上找到了最合用的APP来撰写、管理"待办事项"清单，我有几个建议希望你多少听进去。首先人生不是只有流水账和APP！多方尝试后留下好用的APP，然后把它们当成工具就是了，剩下的就是怎样让自己过得更好。有些APP可以提醒你公务，有些APP可以协助你分享生活，还有些APP可以驱策你去把清单上的事情完成，挑选APP你要有识别能力。

我推荐以下几个APP。

╱ Evernote ╱

如果人一辈子只能跟一个APP从一而终，那我只能说选Evernote。正如第四章说的，Evernote可以用于团队合作，因为这软件提供了一个如弹指般便利的共同编辑平台；即便你是一个人做事情，Evernote也还是一样具有魔力。Evernote极其多才多艺，你可以用以管理公司的各种费用，也可以用它来为孩子筹备完美的生日派对。

除了下载APP以外，你还可以登录Evernote的网站（Evernote.com），通过台式电脑、笔记本电脑、平板电脑取用你的笔记。Evernote是一个云端的系统，你可以把笔记、相片、剪切下来的网站数据，甚至是音频文件丢到上面。有个跟我一样的"Evernote控"朋友说过这APP是她"灵魂的延伸"，我觉得很中肯。任何你想要记住但怕忘记的事情，Evernote都是它们的归宿。你可以把想法分门别类，在Evernote上开不同的"记事本"来存放。

我的用法给大家参考。

大纲与点子

博客文章的点子、身为记者要报道的题目、写作计划等的灵感，总是在最出其不意的时间跳出来，但现在我只要打开iPhone里的Evernote，就可以立刻把想法写下来并于日后追踪。有了Evernote，我就可以利用通勤的时候拟访问稿的大纲或写博客文章，这样等我到了家打开电脑，就可以不用从零开始，这样的工作效率显然比较高。

截图——抓取网络数据

Evernote有个非常酷的书签功能可以在浏览器上使用。只要点一下，你就可以把正在浏览的食谱、评论与礼物网页储存起来；只要点一下"大象"图示，Evernote就会帮你把事情打点好。

为放假出游做准备、做功课

我计划旅行时，Evernote一定揣在手里。有这样一个井然有序的系统，我的文档就不会搞丢。只要寄封电邮到自己的个人化Evernote账户，你的各种文件、旅行数据和行程表就完成了自动备份。你只要把这些数据集中在Evernote的某个记事里，之后出门时就可以轻松取用。你还可以把这些"记事"下载到你的手机里，这样即便临时找不到Wi-Fi信号也不用紧张。

我还会固定用Evernote里的某则记事来比较旅游景点、名胜等的资讯，且随时更新参考。像每年11月我都会和老公去避寒，每年为此我都会做功课，从几个目的地里择一。我会把每次累积的意见存在里面，以后要出去玩就不用再来一遍。

访问记录

如果你有对话或演讲需要记录，也可以直接录到Evernote

里。Evernote上有一个录音的选项，其方便可能会超乎你的想象。会议中你可以记笔记，也可以选择录音。我曾经用这个功能把通过Skype进行的访问录成音频文件，或者你也可以把现有的MP3音频文件拖曳到Evernote的记事里存放备份。

密码管理

你可以把所有的密码存放在某则Evernote记事里集中管理，这样就再也不怕忘记。你可以给这则记事设个密码，这样就更安全了。

笔记

我开会时会用Evernote全程做笔记。过程中我可以给讲者拍照，可以录演讲内容，也可以边听边输入笔记。我甚至会用Evernote来把会议中建立的重要人脉记录下来，顺便注明会议后要如何与他们保持联络。Evernote让人脉的记录与追踪变得容易许多。

清单的保存

有人知道我会在Evernote里存一些待办事项清单或餐厅名

单，但基本上这并不是我使用Evernote的主要原因，要存这两样
东西我多半依赖其他的APP。

度假血拼

出游买东西算得上Evernote超好用的时候。每年（8月）我
都要拟送礼的对象清单，我会把已经有的礼物灵感写进去，之后
再随时新增。Evernote让你可以轻松管理送礼对象，送完画掉。
我还会用Evernote里的网络截图工具来保存一整年下来累积的礼
物点子。每当我脑袋钝钝的，不知道送什么的时候，Evernote里
的一篇篇记事就会化身为我的灵感库。

生产力小提醒

Evernote 下载了不会用吗？

非常多人跟我说过下载了Evernote，但过了很久还是没
办法"进入状态"。这个我懂。菜鸟使用Evernote 确实需要
经历一点学习曲线，然后你才能体会它到底有多好用。下
面我提供一些亲身的体验与提点，希望能帮助大家一起进入
Evernote 的乐园。

（1）要常用，别让软件荒废：用进废退，说的就是
Evernote。相信我，手机上粘着的便利贴是瞬间的，Evernote

上的数字记事则能永远保存。等有天你在Evernote上回顾不知多少个星期分量的待办事项，发现自己一样都没漏掉而且心跳还是非常稳定，呼吸还是非常顺畅，你就知道我在说什么了。

（2）下载Evernote Web Clipper，网页截图再多也不怕：有了这个工具，截图会变成你的反射动作。不论是你想等会儿再读的某篇文章、一个你想要试试看的工作岗位，还是一样好像可以在圣诞节送给妈妈的好礼物，反正都先存起来就对了。除了任何网页都适用以外，你甚至还可以在截图中附上简单的说明给自己，这样日后会比较好搜寻。

（3）分享、共享：有了Evernote，你就有无数的方式可以跟人合作。假设你在筹办婚礼，但伴娘住得很远，没问题，开个共享的档案夹就是了。你跟伴娘可以把各自的想法集中在这里，内容可以增删、可以评论，好恶可以随时随地沟通，还可以搭配上一点截图工具来让分享变得极其容易。不论是筹备活动、假期、合撰网络文章，或其他各式各样的团队合作，你都可以善用Evernote。

（4）善用电邮功能：每个Evernote账户都附带个人化电子邮件地址，别放着，善用它来帮你省下宝贵的时间。网购的收据或确认事项的各类回函都把它转寄到Evernote信箱里留存，数据会自动跑到档案夹里，日后找起来轻松惬意。

捐钱给慈善单位或支付费用给厂商的时候，我也喜欢用

Evernote的电邮功能。确认收到款项的邮件一寄来，我就会立刻转寄到个人化的Evernote电子邮件信箱，作为抵税的单据。如此所有报税数据都集中在一地，整整齐齐。Evernote的用法我可以一直讲、一直讲，讲个三天三夜也讲不完，因为原本的用法旧了，明天我又会想到新的用法。

所以用就对了，愈用你会愈自然、愈顺手，愈觉得生活不能没有Evernote。

/ Clear /

任务、提醒与待办事项清单，这方面Clear绝对是视觉系APP里的佼佼者，未来也很难有人超越。色艺双全的Clear设计得很聪明，对使用者极为友善，用着用着你会一直想往清单里加工作。Clear的优缺点分析如下。

优点

□ 界面超美。

□ 用法简单好玩（删除或标示处理完毕都用滑的就行，调整任务排序可以拖曳）。

□ 音效可爱（如果你吃这一套）。

□ 可轻松管理待办事项清单。

- [ ] 用颜色标明轻重缓急。
- [ ] 可以当成口袋清单的集中地,清单的主题可以包括想试的餐厅、想读的书籍和特殊的日子或特别要去做的事情。

缺点

- [ ] 一次只能看10项工作。
- [ ] 在不同选单间跳跃时容易混淆。

我用Clear来追踪管理博客的文章灵感、长期目标、顺手要带的东西等。这个软件绝对值得你看一眼,研究一下(不过也常有人觉得Clear太花哨了点)。

⁄ Carrot To-Do ⁄

我不太搭理不客气的人,但不知怎的我对Carrot To-Do这个APP咄咄逼人的风格挺有感觉。重点是这个颇具个性的软件可以帮助你完成所有的事情。我说这个软件有个性,意思是它有自己的态度和情绪。随着你的工作效率有高有低,Carrot的心情也会起伏,这其实是个还挺好玩的设计。工作完成了,Carrot会给你点数,你可以拿点数解除新功能的封印或换奖品。

我所知道的Carrot有如下优缺点。

优点

☐ 像游戏的设计会让你想要"破关"，你会想知道赢了的奖品是什么。

☐ 好用，操作很直观。

☐ 我收到过的一个礼物是只叫"胡须队长"的猫，超可爱！

缺点

☐ 对新手来说容错率太低，不过累积过关次数后你可以针对工作
的内容想办法编辑、回复、修改。

☐ 我可以想象有人会腻，新鲜感过了可能有人会索性不用。

整体而言我觉得Carrot To-Do很好玩，对工作效率也有帮
助，值得一试。

Wunderlist

这个APP很适合拿来组织待办事项或清单。突然要跑一趟杂
货店或药妆店的时候我会用它，毕竟店里花花绿绿的东西很多，
一不小心我们就会分心，但Wunderlist可以确保我们集中精力。
我觉得Wunderlist跟短小精悍的清单是绝配，功能其实不多，但
还是略胜iPhone上的"提醒事项"！

/ Any.DO /

我喜欢Any.DO这个软件的一个原因是它可以当日历使用，这表示你想设期限的话会很方便，想邀请人帮你把工作完成的话也不会困难。另外一个很贴心的功能是你可以在工作条目里加注。比方说有一条工作是"做晚餐"，那你可以在里头注明原料和调味料有哪些。卡莉·纳布拉克觉得Any.DO的好处是容易判断自己的闲忙，顺便规划好自己闲的时候要做什么，一日之计可说尽在其间！

/ TodoistTodoist /

这个APP的中心思想是优先级。你信手拈来一样工作都可以排定顺序，归到不同的策划里面，有需要的话还可以把工作拆分为几个工作细项。我最欣赏这软件的地方是弹性。跟其他的APP比起来Todoist既不会太简单，也不至于太复杂。Todoist还提供外挂到Gmail、Outlook和浏览器或电脑系统来帮助你进行清单工作的整合。你只需按自身的需求取用，无须贪多。Todoist算是菜鸟好入门，老鸟不怕闷。

☑ 记录"我的最爱"

我在第二章跟大家细聊过目录这回事，目录也是种清单，只是这清单记录的是特定的事物而不是你工作或生活上必须完成的任务。有时候我们其实应该用APP来记录书籍、餐厅与生日，因为不这样做你很容易把重要的信息抛诸脑后，找起来非常痛苦。

/ Goodreads /

你是不是经常需要人推荐书？我喜欢Goodreads是因为你可以通过这个APP跟阅读品位类似的朋友产生链接，进而得到他们的推荐。我喜欢这软件的另外一点是Goodreads可以帮我记录想看的书单。毕竟一天到晚听朋友说这本书很棒、那本书必读，如果我不写下来，忘掉想必是意料之中。但比起写在某张纸上然后搞丢或者另外找个APP来放，能够继续用Goodreads当然是方便许多，因为Goodreads对我而言就是书本的"总管理处"。

/ Birthdays /

　　有不少软件可以用来管理生日、纪念日和不能忘记的特殊日子。我用的是一个简单明了的APP，叫Birthdays，可以链接到Facebook，然后汇入亲朋好友的照片和生辰。我觉得用Birthdays是一个好习惯，值得养成，因为这个软件实在很单纯，除了记录生日以外没有别的功能，所以你想忘记或搞错都很难。

/ Matchbook /

　　Matchbook（火柴簿）让你可以输入任何你想记住的餐厅或店家的名字。

　　以前真的有人会跟店家要火柴盒，然后再把上面的地址电话抄下来，现在你只要把数据存到Matchbook里就行。你可以加标签来突显店家的特色，比如说早午餐很棒、地方很吵，或非常潮。遇到下班跟朋友想不到去哪里聚餐的时候，你就可以用地点或标签来搜寻。

　　Matchbook全球通用，你可以按照区域来管理软件里的书签，这样你要找地方就会很快。你也可以在地图上显示你的书签位置，看看离你近的有哪些。你可以跟朋友分享位置，但不用加

任何人"朋友"。總而言之，Matchbook對身為清單控的你來說
是個非常管用的小幫手。

╱ Dashlane ╱

　　這個APP的目的是要儲存你的密碼。比起把密碼寫在便利貼
上或存在電腦裡，Dashlane安全多了。Dashlane另外的功能是根
據你定密碼的習慣想出更強大的密碼。你是不是經常忘記密碼而
被自己設的安全措施擋在門外？那你肯定需要Dashlane，畢竟這
年頭誰不是一堆帳號密碼。

☑ 个人理财

说到理财，很多人都是鸵鸟心态。但正所谓你不理财财不理你，对账单睁只眼闭只眼，只是徒增自身的财务风险，该缴的钱还是一毛都跑不掉。所以我的建议是不要闪躲，正面迎敌，而且"工欲善其事，必先利其器"，最好是能找到好用的工具来帮你。

/ Mint /

想当自己财务的主人，但又不想花太多力气吗？用Mint就对了。你只需要把这软件连上自己名下的银行账户、投资信息与贷款条件，Mint就会自动追踪，随时更新这些资产与负债的近况，你只需要输入一次密码就可以一览无遗。Mint甚至还会自动帮你把支出分门别类，让你可以去分析自己的钱都花到哪里去了，针对节流应该从哪里做起给你建议。你可以让Mint提醒你什么费该缴了，也可以随时掌握自己的账户余额是多少。这比起你有多少家网银就要登录多少次，是不是省下很多力气？Mint的电脑网页跟手机软件可以同步，方便你在家或在外的财务管理。

∕ Expensify ∕

这个APP可以帮你管理工作上的费用，同时帮你汇报给老板。付现或刷卡买了任何东西，你就把明细输入进去，剩下的软件就会帮你处理。你甚至可以拍张收据的照片，当成报账的凭证。不要觉得我说话夸张，Expensify会让记流水账变得好玩又舒畅！

∕ OneReceipt ∕

有了OneReceipt，你就再也不需要实体收据。你可以把所有的收据都拍成照片，借此记录每一笔消费。你可以区分公务、家用、医疗、出游等不同的支出，好让自己更清楚钱的去处。OneReceipt甚至可以记录你的电子收据，还可以链接电子邮件，提醒你有消费资料需要更新。

☑ "买到翻"清单

我一向爱买东西，也一直很自豪能在几公里外嗅到好货的味道。但凭借直觉的时代已经过去，现在有工具和办法来帮助我们持家。从记住要买的杂货清单搁在哪里到折价券固定保存在同一个地方，我们绝对可以成为更高明的买家，何况现在还有APP帮忙。

╱ ZipList ╱

这个APP的功能在于帮助我们做饭，或者应该说是帮我们列好做饭需要的清单。ZipList的APP和网站上有食谱方便你浏览，你可以一下子就把需要的食材加到购物清单里，这样你就可以在弹指间把杂货清单变出来。你也可以自行汇入私房或其他网站的食谱与食材清单，而且它让你再也不必因为把购物清单忘在家而沮丧了！

∕ CardStar ∕

CardStar之于你的会员卡，就如钥匙圈之于钥匙。你可以用CardStar来集中管理你的会员卡和折扣卡，从而避免找不到的问题。把卡片扫描进软件一张，你就可以把实体卡片拿下来一张。这个APP还会很贴心地提醒你某家店正在打折或正在发送折价券。

∕ Slice ∕

遇到假日，Slice就是我超爱的APP，因为我网购频率十分高。Slice可以跟你的电子邮件同步，每成交一笔，软件都会替你追踪卖家出货的进度。出货的当下你会收到提醒，货到你家门口了也会提醒，可以不用管哪件东西哪天会到，实在是太开心了，又太省事了。更加分的是Slice会主动提醒你刚买的东西降价了，可以的话还会去替你把钱讨回来。最后Slice还会追踪美国消费性产品安全委员会的新闻发布，看有没有产品要被召回、下架或回收。

☑ 第一次计划就上手

我曾经跟朋友短暂开过替人办派对的公司，我想这反映了我喜欢规划，喜欢把活动办得热热闹闹的心情吧。我知道不是每个人都乐于规划踏青、旅行或派对，我建议这些朋友试试让科技来当你的帮手，试试你能有什么损失呢？前面说过我爱用Evernote来计划很多事情，但Evernote绝不是我唯一的选项。

╱ TripIt ╱

这个APP可以用来放你全部的旅行计划。你的TripIt账户会链接到电子邮件，这样你旅行计划中的任何行程只要一确认，消息就会自动传到你的TripIt里。包括你的航班起降、租车公司、住宿地点等的重要信息都会存放在同一个地点，方便你随时看一眼。TripIt甚至会告诉你怎么样从甲地点到乙地点，这功能我觉得很

□ 为什么
□ 精英都是
200 ☑ 清单控

棒，因为知道机场到饭店要多久对我很重要。

另外，TripIt的网站可以让你手动输入数据。你可以转寄信息到个人化的TripIt电子邮件地址，也可以按照你的意思把数据汇入TripIt，比方说当地的一些旅游信息或你跟饭店订的手工意大利面课程。如果升级到顶级版本，TripIt还会提醒你航班改了或登机口是几号。不论从哪个角度来看，TripIt都可以帮你省时间，让你少头痛。

Pro Party Planner

筹办派对并不简单。如果想到要办犹太男孩的成年礼、女孩的16岁生日，甚至是婚礼会让你头皮发麻，那Pro Party Planner就是为你而创，你可以制作一条时间线来联结你需要在期限前完成的工作，预算功能可以协助你掌握目前钱花了多少，还有多少。任务管理工具让你可以把任务委外，然后你可以随时用电邮、短信甚至iPhone的FaceTime跟帮你的人确认进度，它甚至有排筵席座位的功能。

☑ 分享就是快乐

跟家人相处，知道他们生活的"进度"也需要下点功夫。约会、活动、上课、小孩的棒球比赛或芭蕾舞课，这些会把你的生活塞得满满的，但你想要集中管理可不容易。

⁄ Hatchedit ⁄

Hatchedit有APP也有网站，合起来它们可以帮你管理家族的行事历。你可以和好几个人分享这个行事历，包括你的另一半、你的保姆，甚至是帮你遛狗的人。这个网站可以帮助你管理行程、邀约、日常生活、喜欢的博客和你所属的团体。这样不论你是想要跟读书会的朋友约见面，或是跟你小孩的足球队一起训练，所有的信息都可以边储存边分享。注册成会员，你就会有自己的Hatchedit"仪表板"，你可以毫不费力地把这个仪表板跟日常生活融为一体，当成笔记本或小白板的一大升级。

⁄ Cozi ⁄

Cozi可以让家人对家中的信息一目了然，是让每个人都知道如何自处的"齐家"利器。有了Cozi，家里每个人都能看得到家务清单，以及得到不同商家才买得齐的东西明细。Cozi可以跟你的行事历同步，方便你追踪每位家人有没有各就各位。家族成员各以不同的颜色代表，然后还有一个"日志"的功能让你可以跟你"小圈圈"里的人分享照片与心情。Cozi另一很贴心的功能是你可以跟不在Cozi上的人分享这个"日志"，你可以寄电子邮件或设定每个月一次的群组信件，然后家族成员就可以用这种还挺可爱的方式联络感情。

☑ 拥抱你内心的汤姆

我上一章讲过，我主张把不用非得自己做的事情委外，好让自己专注在重要的工作上，就像《汤姆历险记》里的主角找人帮他漆篱笆一样。如果你想要找人帮你处理你没兴趣的"必要之恶"，这里也有一些好用的软件与业者。

╱ Path Talk ╱

不想再浪费时间打电话找客服，只为了找双鞋或约时间了吗？ Path Talk（原TalkTo）在跟你招手。Path Talk让你可以把问题用短信传给美国境内的任何一家厂商，不论你是想订餐厅、找商品、问营业时间、比较价钱或任何其他的疑难杂症，Path Talk都可以帮你，我最快的纪录是五分钟之内收到回复。我最喜欢Path Talk的一点是可以"传后不理"。就算是半夜睡不着有问题想问，你也可以照传信息，等他们明天开门后回答你。

/ Fancy Hands /

我从FancyHands.com创立以来就是他们的"铁粉"。用Fancy Hands就像有私人的助理供你随传随到，你只要付一点钱，就可以得到每个月一定数量任务的额度，额度内你可以请人帮你找罗马有什么非去不可的餐厅，请人帮你订机场接送，在纽约找吉他家教，或者其他任何用电话或电脑可以完成的任务，但要帮你拿干洗的衣服不行，不过他们可以用电话或电脑帮你找到人拿衣服。

/ TaskRabbit /

我喜欢的APP实在太多了，TaskRabbit也是其中之一。通过TaskRabbit的APP和网站，你可以跟小区的人搭上线，然后他们会帮你去卖场补货，替你送生日礼物给母亲大人，甚至会替你组装家具。在TastRabbit上委外是用竞标的方式，同时你也可以看到"兔子"们以往的评价。我曾经用过TaskRabbit来记录电话访谈、整理博客的旧文章，以及送礼物到别人家。

∕ Asana ∕

　　我开始用Asana是为了博客的事情要跟实习生互动。Asana有网页也有APP，原本是Facebook的员工设计来改善公司生产力的东西。我跟实习生觉得Asana好用是因为我们因此可以少传很多电邮，同时我们这群大忙人跟大小姐也不会再忘记事情！有了Asana，团队可以同时处理好几件事情，也可以在一个案子之下"开小窗口"来处理特定的任务，想分派任务给不同的小组成员也不会费力。Asana的手机APP有提醒的功能，你会知道什么工作得何时完成。Asana不是工作限定，在家里你也可以把实体的家务表给丢了，用Asana来管理亲爱的家人谁在干吗。做妈妈的不用碎碎念，省得老公、小孩说你讨厌。只要团队不超过15名成员，Asana的服务就完全不收钱。

☑ 信之，便能成之

我相信愿望清单，相信愿景板，也相信凡事要感激、要惜福。这样的我相信你想要让正向的能量成为一种循环，就必须先要有正向的展望。而且没错，正向的展望也有对应的APP可以用。

∕ MyLifeList ∕

MyLifeList这个网站让梦想跟目标的分享变得容易了。只要把你想做的事情都写下来，然后回答几个简单的问题就行。这个网络社群会分享你的目标给其他人知道，他们可以把自己的经验说出来，也会让你知道你不孤单。想象一下有人跟你一样想去印度做瑜伽，MyLifeList可以帮你们搭上线。这是一个很励志的网站，你会因此更想朝着目标奋战。

╱ DreamItAlive ╱

你做过纸的愿景板吗？做过的话你就知道组装需要下点功夫。比起来虚拟的愿景板就没那么麻烦。DreamItAlive让你可以用电脑画面上的卷轴浏览千百张照片来找灵感，然后附加上你自身目标的照片。在看到别人下厨有多快乐之前，我从来没想到自己会这么想在家做意大利面！DreamItAlive上的社群功能可以让登录的会员相互打气，所以上一次就可以得到很多动力！你甚至可以用钱赞助认同的目标，或者是反过来用你的目标争取别人的支援。

╱ Pinterest ╱

我可以在这个网站上玩到忘记时间，几小时后才回过神来，不相信的话我建议你试试看。输入你感兴趣的事情，比如说去中国玩，然后你就会被动机和灵感团团围住。你还可以用自己各方面的渴望，做出个人化的愿景板，忘记的时候就回来复习一下。

╱ Happy Tapper 的感恩日记 ╱

结束一天最棒的仪式，就是写感恩清单。一开始会需要适应一下，但抓到诀窍以后，写这本日记就会变得很疗愈了。不分大小，把值得感恩的人事物想过一遍。不论是办公室里很安静、跟另一半吵架吵到床上去、朋友请客、跟人聊天获益良多，或者是在公园里散步呼吸新鲜空气，都值得你觉得自己很幸运，都值得你感激。凡是让你露出了笑容的任何一件事情，都有资格写到感恩日记里。研究显示这习惯会让你日子过得更开心，更有要惜福的心情。

☑ 电子vs.纸张

如果你对于数字化还是犹豫不决，这里我提供一些折中的办法可以满足你手写的渴望，但又可以让你一窥数字的殿堂。

∕ Livescribe ∕

Livescribe这家公司制作了各式各样结合了摄影机的数字笔。用他们的笔，你可以按照正常的方式记笔记或列清单，但你写下的一切都会以数字化的方式记录下来。唯一不方便的是要用专用的纸，这可能稍微有点麻烦，但这项科技还是超级酷，非常值得你试试看。数字笔记内容可以跟附赠的手机APP同步，你也可以把笔记导出到Evernote上。

/ Boogie Board /

Boogie Board的平板对清单控来说可以说是老少咸宜。跟Evernote与社群媒体平台同步后，你就可以用Boogie Board来分享你的工作内容。想想你可以用Boogie Board来撰写与管控多少涂鸦、清单、图表。如果你动不动就弄丢笔记是有名的，那这个环保又方便的数字化书写与储存工具就是为你而生的了。

☑ 一步一脚印，一天一科技

　　介绍了这么多科技化的软件与工具，我真心希望大家生出动力来让生活数字化。但一切还是要如履薄冰，所以我想善意地提醒各位小心慢行，不要一下子动作太大拉伤了科技用上的那条筋。卡莉·纳布拉克说："按部就班，一天学一点点，才能培养出你使用科技的习惯与信心，切忌一下子就想把全部的东西都下载安装同步好，因为这样只会让你的生活翻天覆地，信心遭受严重打击，切记。"最后祝大家当个快乐的数字清单客！

☑ 最后一张清单

好了，现在我已经把清单的一切都传授给你，你的下一步是什么？

嗯，这还用问吗？当然是再去列张清单啊！

1. 列就对了。万事开头难，我都叫人先列人生愿望清单。知己莫若己，如果钱、时间都不是问题，又没有抛不开的责任的话，你会想要做哪些事情，把这些事情写下来。

2. 找出适合自己的做法。这一开始不见得容易，但相信我，这点功夫绝对值得你下。找到适合的笔记本、APP、铅笔、圆珠笔等，系统好用一套就够。

3. 你想列多就列多，想列少就列少，不用有压力。

4. 来我的"清单制作人"网站逛逛，让自己有些列清单的灵感。

5. 我整理了一组工具给清单的初学者，你可以到ListProducer.com/ListfulThinkingGuide免费下载。

6. 遇到任何问题或困难，都可以给我来封信，邮件信箱是paula@listproducer.com，当然如果你只是想说声"嘿"也欢迎。

☑ | 为什么
☑ | 精英都是
☑ | 清单控
☐ |

附录

清单范例

这篇附录里包含了许多我在本书中提及的清单。我希望大家可以把这些清单当成参考，并以此为跳板来自制个人化的清单。如果觉得这里列得不够，欢迎到我的"清单制作人"网站来挖宝。

☑ 找房检查表

我的清单控生涯就始于这张检查表，所以从这张表跟大家分享起可以说再适合不过了。这张表可以按个人需求修改，但找房的胜败还是取决于你自己看房前做的功课多寡。

- ☐ 地址（有楼层更好）:
- ☐ 联络方式:
- ☐ 房间数:
- ☐ 室内面积（平方英尺／平方米）:
- ☐ 租金:
- ☐ 最近的地铁／公交站:
- ☐ 门禁管理:
- ☐ 洗衣设备:

□ 洗碗机：

□ 租约长度：

□ 可入住日期：

□ 门房管理：

□ 冷暖空调：

□ 水电燃气（含／不含）：

□ 停车位：

□ 物业管理的水平：

□ 收纳柜数：

□ 地毯或木质地板：

□ 重新粉刷：

□ 有线电视：

□ 宠物政策：

□ 室外空间：

□ 景观：

☑ 海外（或国内旅游）婚礼行李打包清单

╱多媒体与通信器材╱

☐ 手机和充电器
☐ 数码相机、电池、记忆卡
☐ iPod ／MP3播放器与耳机
☐ 电子书阅读器
☐ 旅游手册

╱医疗用品╱

☐ 抗生素软膏
☐ 腹泻药

□ 创可贴

□ 避孕工具

□ 驱虫药剂

□ 备用眼镜

□ 止痒软膏（类固醇含量1%）

□ 润滑剂

□ 止痛药

□ 医生开的处方药品

□ 晕船贴片或药丸（邮轮行程必备）

╱财物与身份证件╱

□ 个人名片

□ 现金

□ 驾照

□ 紧急联络电话

□ 行程

□ 结婚证书

□ 纸本机票或电子机票确认函

□ 护照

□ 手机预付卡

□ 婚宴的签到簿或留言本

☐ 要送给婚礼来宾的小礼物

/ 杂项和其他 /

☐ 棉花棒

☐ 钥匙

☐ 去毛球滚筒

☐ 按摩用油

☐ Ziploc牌塑料材质拉链袋

☐ 扑克牌

☐ 太阳眼镜

☐ 防晒乳

☐ 雨伞

☐ 新郎 / 新娘的伴手礼

/ 他的东西 /

☐ 婚礼行头

☐ 运动鞋或舒适的平底鞋

☐ 皮带

☐ 三 / 四角内裤

☐ 休闲衬衫

☐ 西装衬衫

- ☐ 正式皮鞋
- ☐ 帽子
- ☐ 长裤
- ☐ 睡衣／睡袍
- ☐ 凉鞋
- ☐ 短裤
- ☐ 运动外套
- ☐ 泳裤
- ☐ 领带（数条）
- ☐ T恤／汗衫
- ☐ 运动服
- ☐ 男性个人卫生用品
- ☐ 梳子／刷子
- ☐ 除臭剂
- ☐ 牙线
- ☐ 润唇膏
- ☐ 刮胡用品（含刮胡泡）
- ☐ 洗发精／润发乳／造型用摩丝或发胶
- ☐ 牙刷／牙膏／漱口水

／她的东西／

- ☐ 婚礼行头

- ☐ 其他衣服跟配件
- ☐ 泳衣（数件）
- ☐ 胸罩
- ☐ 内裤
- ☐ 性感内衣
- ☐ 珠宝首饰——耳环、项链、手镯
- ☐ 洋装
- ☐ 高跟鞋
- ☐ 南洋风的一片裙／印度纱丽裙／大围巾
- ☐ 袍子
- ☐ 凉鞋
- ☐ 短裤／七分裤
- ☐ 裙子（数条）
- ☐ 休闲长裤
- ☐ 运动鞋或徒步鞋
- ☐ 袜子
- ☐ 有型的衬衫
- ☐ 毛衣
- ☐ 草帽或宽边帽
- ☐ 小可爱／塑身衣／无袖上衣
- ☐ 丁字裤
- ☐ 运动服

/不能没有的小东西/

- □ 爽身粉
- □ 吹风机 / 熨斗
- □ 梳子 / 刷子
- □ 化妆组 / 化妆包
- □ 除臭剂
- □ 除脚臭贴片（还有避免凉鞋磨破脚的功能）
- □ 化妆盒
- □ 卸妆组
- □ 洗面奶
- □ 保湿 / 防晒组
- □ 卫生棉条
- □ 衬衣（裙）
- □ 牙刷 / 牙膏 / 漱口水
- □ 牙线
- □ 洗发精 / 润发乳 / 造型用摩丝或发胶
- □ 发圈
- □ 镊子
- □ 耳环
- □ 头饰
- □ 头纱
- □ 婚礼用鞋

☑ 旅行打包时的必备项目

不论下了多少准备的功夫，旅行都是件有压力的事情，所幸我这里有些减压的小秘诀。我跟书中提过的好友妮可共游过很多次，下面的清单算是我跟她的共同创作。

手机应用程序（APP）

- ☐ Busuu（出国时用来翻译简单句子）
- ☐ The Layover［用来掌握你造访的国家有没有名厨安东尼·布尔丹（Anthony Bourdain）私藏的餐厅］
- ☐ Trip Advisor（出门在外紧急想知道餐厅的评价）
- ☐ New Pilates（遇到饭店未附健身房或健身房感觉让人不舒服时，可以在房间内做的迷你运动）
- ☐ Compass（漫游异国不用怕迷路）

☐ Weather Channel（预设目的地，以免没带伞遇到下雨）

☐ Evernote（集行程、笔记、交通等信息于一处）

☐ TripIt（所有重要的序号、密码都在此存放管理，另外也适于记录一整天的流水账）

☐ Next Issue（喜欢的杂志都可以通过这个APP放在iPad上，不用一本一本拖着，实在太重）

☐ PressReader（不论身在世上任何角落，你都可以通过喜欢的报纸得知世界动态）

衣服与配件

☐ （飞机上可以当被子盖的）克什米尔披肩

☐ （舒适又好带的）芭蕾平底鞋

☐ 轻量雨衣外套

☐ 晚上用的帆布手腕包

☐ 迷你折叠伞

☐ （在饭店房间与飞机上穿的）拖鞋

☐ 很多口袋的斜肩包包

☐ （飞机上入眠用的）眼罩

电子用品

☐ 耳机分线器（这样两个人就可以同看一部电影）

- ☐ 耳机
- ☐ iPad或其他品牌的平板电脑，含皮套式键盘
- ☐ Space Bag真空收纳袋
- ☐ 亮色行李吊牌
- ☐ 旅行用枕
- ☐ 小包装的Truvia天然甜菊代糖（避免在国外摄取到化学的东西）
- ☐ 笔和迷你手写板（用来沟通、找餐厅或问路）
- ☐ 迷你罐消毒喷剂（用来给饭店房间里的话筒与遥控器等物品消毒）
- ☐ 专门用来放脏衣服的袋子
- ☐ 塑料袋（以备不时之需）

个人盥洗用品

- ☐ 消毒擦布（单片包装）
- ☐ 小喷雾罐装水（飞行中让皮肤保湿）
- ☐ 小盒装护唇膏若干盒
- ☐ 可以直接涂的香水瓶
- ☐ 防水泡贴布（兼具除脚臭和防水泡的功能）

☑ 不花一毛钱，让人开心一整天的六项秘诀

想不花一毛钱，但让人开心一整天，你可以尝试下面列出的
几种方法。

1. 微笑

笑很简单，跟人讲话我一定笑，即便有点勉强，我也会硬笑。
不论是在熟食店点东西，还是进入有门房的建筑物大厅，我都会带
着笑意表示我对人的谢意。看到我笑，对方的脸蛋也会跟着打亮。

2. 收下

身为纽约客，你一定知道被发折扣券或广告有多烦，但我的

心态已经进化成跟这样的状况共处。下次有人把纸张塞到你的面前，就拿吧。没人开心被拒绝，也没有人故意要烦你，他们的工作就是发传单，如此而已，你收下单子就算日行一善，皆大欢喜。转角就有垃圾筒，丢掉不难，何况搞不好上面印着你需要的信息。

3. 寄信

这年头大家不太写卡片了，我本身是"文具控"，所以我对各种纸都很有好感。手写一封独具风格的信函只为了说"嘿"，收惯账单的看到一定很嗨；你也可以在便利贴上写些甜言蜜语，贴在镜子或电脑屏幕上。

4. 倾听

有时候我们只是希望有人听我们讲话。贴心朋友一定要懂得倾听。你不见得要能告诉他们答案，听本身就能大大地帮到人。

5. 道谢

不论是在店里、在餐厅，或是在大马路上，只要有人帮了你，对你很贴心，你都不要省了那一句"谢谢你"，而且要说得很有诚意。该肯定人就要肯定人，正增强是所有人的菜。

6. 分享

把你最爱的书借出去，把你最喜欢的手工饼干的做法教给别人，把可爱的狗狗照片转传出去，把冷笑话或小故事说给人听。散播快乐散播爱真的很简单，从你所爱的事物开始就行。"奥普拉的最爱"①不就是这样形成的吗？

---

① Oprah's Favorite Things，奥普拉节目上从2002年到2010年（2009年没有）间每年一度的单元。奥普拉会在节目上介绍她觉得好用或想推荐的产品，参与现场录像的观众会收到一份。

TE _____ / _____ / _____

APPOINTMENT	CHECKLIST

FREE NOTE

PLAN

DATE_____ / _____ / _____

APPOINTMENT	CHECKLIST

01 /
02 /
03 /
04 /
05 /
06 /
07 /
08 /
09 /
10 /

FREE NOTE

T E _____ / _____ /

APPOINTMENT	CHECKLIST

FREE NOTE

DATE_____/_____/_____

APPOINTMENT	CHECKLIST
01	
02	
03	
04	
05	
06	
07	
08	
09	
10	

FREE NOTE

APPOINTMENT

CHECKLIST

FREE NOTE

DATE _____ / _____ / _____

APPOINTMENT	CHECKLIST
01 /	
02 /	
03 /	
04 /	
05 /	
06 /	
07 /	
08 /	
09 /	
10 /	

FREE NOTE

APPOINTMENT

CHECKLIST

FREE NOTE

DATE_____/_____/_____

APPOINTMENT	CHECKLIST
01	
02	
03	
04	
05	
06	
07	
08	
09	
10	

FREE NOTE

TE _____/_____/_____

APPOINTMENT	CHECKLIST

FREE NOTE

PLAN

DATE＿＿＿＿＿＿／＿＿＿＿＿／＿＿＿＿＿

APPOINTMENT	CHECKLIST
01	
02	
03	
04	
05	
06	
07	
08	
09	
10	

FREE NOTE

T E

FREE NOTE

DATE_____ / ___ / _____

APPOINTMENT	CHECKLIST
01	
02	
03	
04	
05	
06	
07	
08	
09	
10	

FREE NOTE

ATE _____ / _____ / _____

APPOINTMENT	CHECKLIST

FREE NOTE

DATE_____/_____/_____

APPOINTMENT	CHECKLIST

01

02

03

04

05

06

07

08

09

10

FREE NOTE

P L A

APPOINTMENT

CHECKLIST

FREE NOTE

DATE_____/_____/_____

APPOINTMENT	CHECKLIST
01	
02	
03	
04	
05	
06	
07	
08	
09	
10	

FREE NOTE

PLA

ATE _____ / / _____

APPOINTMENT	CHECKLIST

FREE NOTE

DATE_____/_____/_____

APPOINTMENT	CHECKLIST
01	
02	
03	
04	
05	
06	
07	
08	
09	
10	

FREE NOTE

PLA

DATE_____/_____/_____

APPOINTMENT	CHECKLIST
/	
/	
/	
/	
/	
/	
/	
/	
/	
/	

FREE NOTE

DATE _____ / _____ / _____

APPOINTMENT	CHECKLIST
01	
02	
03	
04	
05	
06	
07	
08	
09	
10	

FREE NOTE

PLA

APPOINTMENT

CHECKLIST

FREE NOTE

DATE_____ / _____ / _____

APPOINTMENT	CHECKLIST
01	
02	
03	
04	
05	
06	
07	
08	
09	
10	

FREE NOTE

APPOINTMENT

CHECKLIST

FREE NOTE

DATE_____/_____/_____

APPOINTMENT	CHECKLIST
01	
02	
03	
04	
05	
06	
07	
08	
09	
10	

FREE NOTE

ATE

CHECKLIST

FREE NOTE

DATE_____/_____/_____

APPOINTMENT	CHECKLIST
01	
02	
03	
04	
05	
06	
07	
08	
09	
10	

FREE NOTE

ATE_____

FREE NOTE

DATE_____/_____/_____

<table>
<tr><td colspan="2">APPOINTMENT</td><td>CHECKLIST</td></tr>
<tr><td>01</td><td></td><td></td></tr>
<tr><td>02</td><td></td><td></td></tr>
<tr><td>03</td><td></td><td></td></tr>
<tr><td>04</td><td></td><td></td></tr>
<tr><td>05</td><td></td><td></td></tr>
<tr><td>06</td><td></td><td></td></tr>
<tr><td>07</td><td></td><td></td></tr>
<tr><td>08</td><td></td><td></td></tr>
<tr><td>09</td><td></td><td></td></tr>
<tr><td>10</td><td></td><td></td></tr>
<tr><td colspan="3">FREE NOTE</td></tr>
</table>

APPOINTMENT

CHECKLIST

FREE NOTE

DATE_____ / _____ / _____

APPOINTMENT	CHECKLIST
01 /	
02 /	
03 /	
04 /	
05 /	
06 /	
07 /	
08 /	
09 /	
10 /	

FREE NOTE

ATE _____ / _____ / _____

APPOINTMENT	CHECKLIST
1 /	
2 /	
3 /	
4 /	
5 /	
6 /	
7 /	
8 /	
9 /	
0 /	

FREE NOTE

DATE_____/_____/_____

APPOINTMENT	CHECKLIST
01	
02	
03	
04	
05	
06	
07	
08	
09	
10	

FREE NOTE

APPOINTMENT

CHECKLIST

FREE NOTE

PLAN

DATE_____ / ___ / ___

APPOINTMENT	CHECKLIST
01	
02	
03	
04	
05	
06	
07	
08	
09	
10	

FREE NOTE

ATE _____ / _____ / _____

APPOINTMENT	CHECKLIST

FREE NOTE

DATE_____ / ___ / _____

APPOINTMENT	CHECKLIST
01 /	
02 /	
03 /	
04 /	
05 /	
06 /	
07 /	
08 /	
09 /	
10 /	

FREE NOTE

PL

ATE

1.
2.
3.
4.
5.
6.
7.
8.
9.
10.

CHECKLIST

FREE NOTE

PLAN

DATE＿＿＿＿＿＿＿ ／ ＿＿＿＿ ／ ＿＿＿＿＿

APPOINTMENT	CHECKLIST
01 ／	
02 ／	
03 ／	
04 ／	
05 ／	
06 ／	
07 ／	
08 ／	
09 ／	
10 ／	

FREE NOTE

DATE _____

APPOINTMENT	CHECKLIST
1	
2	
3	
4	
5	
6	
7	
8	
9	

FREE NOTE

DATE_____ / _____ / _____

APPOINTMENT	CHECKLIST
01 /	
02 /	
03 /	
04 /	
05 /	
06 /	
07 /	
08 /	
09 /	
10 /	

FREE NOTE

ATE

APPOINTMENT	CHECKLIST

FREE NOTE

DATE_____ / _____ / _____

APPOINTMENT	CHECKLIST
01 /	
02 /	
03 /	
04 /	
05 /	
06 /	
07 /	
08 /	
09 /	
10 /	

FREE NOTE

ATE

CHECKLIST

1
2
3
4
5
6
7
8
9

FREE NOTE

PLAN

DATE_____/_____/_____

APPOINTMENT	CHECKLIST
01 /	
02 /	
03 /	
04 /	
05 /	
06 /	
07 /	
08 /	
09 /	
10 /	

FREE NOTE

PLA

ATE

APPOINTMENT	CHECKLIST

FREE NOTE

PLAN

DATE_____/_____/_____

APPOINTMENT	CHECKLIST
01	
02	
03	
04	
05	
06	
07	
08	
09	
10	

FREE NOTE

APPOINTMENT

CHECKLIST

FREE NOTE

DATE_____/_____/_____

APPOINTMENT	CHECKLIST
01	
02	
03	
04	
05	
06	
07	
08	
09	
10	

FREE NOTE

ATE _____ / _____ / _____

APPOINTMENT	CHECKLIST

FREE NOTE

DATE_____/_____/_____

APPOINTMENT	CHECKLIST
01 ╱	
02 ╱	
03 ╱	
04 ╱	
05 ╱	
06 ╱	
07 ╱	
08 ╱	
09 ╱	
10 ╱	

FREE NOTE

ATE＿＿＿＿＿＿＿＿＿

APPOINTMENT	CHECKLIST

FREE NOTE

DATE_____/_____/_____

01 /
02 /
03 /
04 /
05 /
06 /
07 /
08 /
09 /
10 /

FREE NOTE

DATE

APPOINTMENT

CHECKLIST

FREE NOTE

DATE_____/_____/_____

APPOINTMENT	CHECKLIST
01 /	
02 /	
03 /	
04 /	
05 /	
06 /	
07 /	
08 /	
09 /	
10 /	

FREE NOTE

ATE _____

APPOINTMENT	CHECKLIST

FREE NOTE

DATE_____/_____/_____

APPOINTMENT	CHECKLIST
01	
02	
03	
04	
05	
06	
07	
08	
09	
10	

FREE NOTE

ATE

APPOINTMENT

CHECKLIST

FREE NOTE

PLAN

DATE_____/_____/_____

APPOINTMENT	CHECKLIST
01 /	
02 /	
03 /	
04 /	
05 /	
06 /	
07 /	
08 /	
09 /	
10 /	

FREE NOTE

APPOINTMENT

CHECKLIST

FREE NOTE

DATE_____ / _____ / _____

APPOINTMENT	CHECKLIST
01	
02	
03	
04	
05	
06	
07	
08	
09	
10	

FREE NOTE

TE ____ / ____ / ____

CHECKLIST

FREE NOTE

PLAN

DATE_____/_____/_____

APPOINTMENT	CHECKLIST
01 /	
02 /	
03 /	
04 /	
05 /	
06 /	
07 /	
08 /	
09 /	
10 /	

FREE NOTE

T E _____ / _____ / _____

FREE NOTE

PLAN

DATE＿＿＿＿＿／＿＿＿＿／＿＿＿＿

APPOINTMENT	CHECKLIST
01 /	
02 /	
03 /	
04 /	
05 /	
06 /	
07 /	
08 /	
09 /	
10 /	

FREE NOTE